Oetinger

Johanna Nilsson, 1973 in Uppsala/Schweden geboren, hat nach Abitur und Studium das Schreiben zu ihrem Hauptberuf gemacht. 1996 erschien ihr erster Roman. Seither hat sie mehrere Bücher veröffentlicht. 2001 wurde sie für den renommierten schwedischen August-Preis nominiert. »Alva Kuddelmuddel« ist ihr erstes Buch bei Oetinger.

JOHANNA NILSSON

Alva Kuddelmuddel

Deutsch von Birgitta Kicherer
Zeichnungen von Eva Eriksson

Verlag Friedrich Oetinger · Hamburg

Die schwedische Originalausgabe erschien bei Rabén & Sjögren
Bokförlag, Stockholm, unter dem Titel »Alva och familjen Låtsas«
Deutsch von Birgitta Kicherer
Einband von Miriam Cordes
Illustrationen von Eva Eriksson
Satz: UMP GmbH, Hamburg
Druck und Bindung: GGP Media GmbH, Pößneck
Printed in Germany 2005
ISBN 3-7891-4324-3

www.oetinger.de

Alva hat die merkwürdigste Familie der Welt. Jedenfalls findet sie das selbst. Ihr Papa heißt Kalle. Er geht immer noch in die Schule, obwohl er schon einundvierzig ist. Und er zieht sich nicht so an wie normale Väter, sondern wie ein Hip-Hopper. Papa möchte Hip-Hopper werden. Oder Professor. Er studiert Mathematik und schreibt an einer Sache, die Dissertation heißt. Darum muss er auch so oft seufzen.

Alvas Mama heißt Frieda. Sie hat jede Woche eine andere Haarfarbe. Sie wird bald vierzig und da, wo sie arbeitet, sind alle bekloppt. Wenigstens hat Alvas großer Bruder Thomas das behauptet.

Thomas ist übrigens auch bekloppt, er ist nämlich zwölf und fast ein Teenie, und alle, die fast Teenies sind, sind bekloppt, hat Alvas beste Freundin Matilda gesagt.

Alvas Eltern wohnen nicht zusammen, und zwar, weil sie nicht mehr miteinander verheiratet sind.

Alvas Papa ist zurzeit in eine verliebt, die heißt Malin und hat einen Job beim Fernsehen, wo sie übers Wetter redet. Malin und Papa kennen sich noch gar nicht, aber Papa ist trotzdem in sie verliebt.

Mama ist in einen verliebt, der heißt Bernd. Bernd kauft

und verkauft Geld und hat immer einen Anzug an, sogar wenn er am Badestrand ist, also ist er auch ziemlich bekloppt. Er wohnt mit Mama in einem großen Haus am Rand der Stadt. Sie haben einen großen Garten und zwei Autos.

Bernd war früher mit Sanna verheiratet und hat mit ihr zwei Kinder, Emil und Josefin. Die beiden sind nicht Alvas Geschwister, aber alle tun so, als ob sie es wären. Emil ist vierzehn und hat gerade Stimmbruch. Später will er mal Profifußballer werden. Er liebt Computerspiele. Josefin ist elf und interessiert sich bloß für Bücher. Sie liest und liest von früh bis spät. Wenn sie groß ist, will sie Bibliothekarin werden.

Alva kennt Emil und Josefin kaum, weil sie nie da sind, wenn Alva und Thomas bei Mama und Bernd wohnen. Und das ist wirklich ein Glück, Alva findet die beiden nämlich ziemlich doof und eingebildet.

Mama und Bernd sind nicht verheiratet, aber sie haben ein gemeinsames Kind, das heißt Oskar und ist drei Jahre alt. Oskar ist Alvas Halbbruder. Sie kann ihn nicht ausstehen. Er schreit bloß und macht immer alles kaputt, und außerdem hat Mama ihn garantiert viel lieber als Alva.

Wenn Alva an alle denkt, die Kinder haben und verheiratet oder nicht verheiratet sind und zusammen oder getrennt wohnen, tut ihr jedes Mal der Kopf weh, und dann sind da noch die Ganz- und Halbgeschwister und die neuen Geschwister und die neuen Mütter und Väter, und überhaupt ist alles ein einziges Kuddelmuddel.

Manchmal kriegt Alva solche Kopfschmerzen, dass sie sich ins Klo verziehen muss. Dort hockt sie sich in eine Ecke und macht sich ganz, ganz klein, kneift die Augen zu und den Mund auch und umarmt sich selbst, bis die Schmerzen aufhören.

Alva mag das Klo. Im Klo kann sie ungestört dasitzen und über alles Mögliche nachdenken.

Meistens denkt sie darüber nach, wie sie das ganz machen kann, was zwischen Mama und Papa kaputtgegangen ist.

Und dann denkt sie darüber nach, wie sie Thomas helfen kann, damit er besser buchstabieren und lesen lernt.

Und überlegt, was sie werden soll, wenn sie groß ist.

Am liebsten möchte sie jemand werden, der Häuser baut. Große prächtige Häuser mit vielen Türmen, knarrenden Treppen, unheimlichen Dachböden und langen unterirdischen Gängen.

Dann wird sie auch ein Haus für Papa bauen. Ein großes Haus. Jetzt wohnt er nämlich in einer winzig kleinen Wohnung, einer Einzimmerwohnung mit Miniküche. Da gibt es einen kleinen Esstisch, vier Stühle, drei Bücherregale voll gestopft mit Büchern über Mathematik, einen Fernseher, eine Bettcouch und ein Stockbett. Es ist sehr eng in Papas Wohnung.

Alle zwei Wochen wohnen Alva und Thomas in Papas enger kleiner Wohnung. Da kriegt Alva dann Ohrenweh, weil es so still ist.

Alle zwei Wochen wohnen Alva und Thomas in Mamas und Bernds großem, geräumigem Haus. Und da kriegt Alva dann Ohrenweh, weil es so laut ist. Mama und Bernd streiten sich oder lachen hemmungslos. Thomas spielt in seinem Zimmer E-Gitarre. Oskar brüllt.

Alva hat kleine Ohren, die ein bisschen spitz sind.

Alva weiß, dass Elfen kleine, spitze Ohren haben, denn so steht es in den Märchenbüchern.

Manchmal denkt Alva: Vielleicht bin ich ja eine Elfe, die sich auf die Erde verirrt hat und eigentlich in eine andere Welt gehört, in eine andere Familie.

In eine Familie, die nicht so merkwürdig ist.

Eine, in der niemand so tut, als ob, und wo alles echt ist.

Alva heißt Karlsson mit Nachnamen, genau wie Papa. Thomas heißt auch Karlsson mit Nachnamen. Mamas Nachname ist Bengtsson. Früher hieß sie ebenfalls Karlsson, aber als Papa und sie sich scheiden ließen, hat sie ihren Mädchennamen wieder angenommen – Bengtsson.

Alva überlegt, ob Mama Andersson heißen wird, wenn sie Bernd heiratet. Hoffentlich nicht. Hoffentlich wird Mama irgendwann wieder eine Karlsson.

Plötzlich schwirrt Alva der Kopf. Karlsson, Bengtsson, Andersson, alle Namen schwirren durcheinander, alle, die zusammengehören und die nicht zusammengehören.

Alva verzieht sich ins Klo. In Papas Klo. Mamas Klo in Bernds Haus ist anders, größer und viel sauberer. Papa putzt nicht besonders gern. Mama putzt auch nicht besonders gern. Dafür putzt Bernd gern.

Alva kauert sich in eine Ecke, macht sich so klein wie möglich, kneift die Augen fest zu, presst den Mund zu einem dünnen Strich zusammen und umarmt sich selbst sehr, sehr lange …

Nach einer Weile hört das Geschwirre im Kopf auf. Sie steht auf und setzt sich auf den Klodeckel.

Dort bleibt sie fast eine halbe Stunde sitzen und grübelt.

Vom Grübeln kriegt ihre Stirn eine Falte. Eine Falte, die wie eine Welle aussieht.

Alva mag Wellen. Wenn sie groß ist, wird sie in einem Haus direkt am Meer wohnen. Dort kann sie dann am Strand Muscheln sammeln und mit einem Boot segeln, das sie selbst gebaut hat, und draußen im Meer wird sie Inseln entdecken, lauter bisher unentdeckte Inseln. Und auf den Inseln leben ganz seltsame Wesen, und die werden alle ihre Freunde. Und vielleicht heiratet sie dann einen davon.

Vielleicht einen, der grün und dick und rund ist und Hände hat, die wie Blumen aussehen, und Haare wie Gras. Beim Gehen hüpft er immer auf und ab und trägt Alva dabei in einem kleinen Sack auf dem Rücken mit sich herum. Ab und zu kriegt er Lust zu fliegen. Dann fliegen sie übers Meer und besuchen alle Inseln, die Alva entdeckt hat.

Alva muss lächeln, während sie so auf dem Klodeckel hockt und an diesen seltsamen grünen Hopser denkt, den sie heiraten wird. Sie lächelt so breit, dass man ihre Zähne sieht.

Alva hat schöne Zähne. Aber ein Zahn fehlt. Also hat sie eine Zahnlücke. Manchmal spürt sie ein Ziehen in der Lücke. Papa sagt, dass da ein neuer Zahn wächst.

Einmal hat Alva geträumt, der neue Zahn sei ein Diamant und sie würde von Dieben gejagt, die ihr den Diamantzahn rauben wollten.

Sie hofft sehr, dass sie einen normalen Zahn kriegt, weil sie vor Dieben Angst hat. Vor der Dunkelheit hat sie auch Angst. Und vor unheimlichen Geräuschen. Und vor schreienden Eltern. Und vor traurigen Eltern. Und vor den großen Mädchen auf dem Schulhof. Die glauben nämlich manchmal plötzlich, sie müssten die kleineren Mädchen piesacken. Alva ist zwar noch nie gepiesackt worden, hat aber trotzdem Angst davor, dass es irgendwann mal passiert.

Manchmal hat Alva auch Angst vor dem Tod. Nicht davor, dass sie selbst sterben könnte, sondern dass Mama, Papa oder Thomas sterben könnten. Oder Opa. Opa ist alt und krank, und Mama sagt manchmal mit zitternder Stimme, dass Opa vielleicht nicht mehr lange zu leben hat. In solchen Momenten verwandelt Mama sich in ein kleines Mädchen. Und da muss Alva Mama schnell ein bisschen umarmen, ein bisschen streicheln, ein bisschen trösten.

Wenn Alva an Opa denkt, der vielleicht sterben muss, und an Mama, die darüber so traurig ist, kommen ihr die Tränen.

Dicke Tränen laufen Alva über die Backen.

Alvas Backen sind voller Sommersprossen. Die kriegt sie jeden Sommer. Auch auf den Schultern hat sie Sommersprossen. Alva mag ihre Sommersprossen. Die sehen hübsch aus. Einmal hat sie versucht, ihre Sommersprossen zu zählen, doch irgendwann musste sie aufgeben, weil sie so winzig waren. Ansonsten kann Alva sehr gut rechnen. Mathematik ist eines ihrer Lieblingsfächer. Schwedisch auch. Und Sport.

Nur wenn sie über Böcke und Kästen und solche Sachen springen muss, kriegt sie Angst. Einmal ist sie dabei hingefallen und hat sich wehgetan, da musste sie dann zur Schulschwester. Alva fürchtet sich vor der Schulschwester, weil sie glaubt, die Schulschwester sei eine Hexe.

Vor den Sommerferien haben Alva und Matilda hinter der Schulschwester herspioniert. Sie fuhren mit dem Bus zum Haus der Schulschwester, dann schlichen sie in den Garten und spähten durch eins der Fenster ins Haus. Das ist das Unheimlichste und Mutigste, was Alva je getan hat. Allerdings verhielt sich die Schulschwester kein bisschen hexenhaft. Sie aß bloß irgendwas und setzte sich dann vor den Fernseher. Stinklangweilig. Da gaben Alva und Matilda das Spionieren auf und fuhren wieder nach Hause.

Vielleicht könnte sie Matilda ja fragen, ob sie Lust hat, wieder mal hinter der Schulschwester herzuspionieren, überlegt Alva.

Alva schaut auf ihre Füße. Die sind ziemlich klein. Ihre Beine sind ebenfalls klein. Und dünn. Thomas sagt manchmal, Alva sei ein magerer Hering. Das macht sie wütend. Sie wird ihm schon noch zeigen, dass sie ein richtiger Dickmops werden kann!

Alva befühlt ihre Arme. Die sind auch dünn. Hoffentlich werden die bald kräftiger. Alva möchte groß und stark werden und so mutig, dass sie über Böcke und Kästen zu springen wagt und sich traut, aufs Dach von Mamas und Bernds

Haus zu klettern, ohne dass ihr schwindelig wird. Thomas klettert manchmal aufs Dach, obwohl das verboten ist.

Jemand klopft an die Klotür.

»Alva, was machst du da drin?«, fragt Papas Stimme.

»Denken«, sagt Alva.

»Woran denkst du?«, fragt Papa.

»An alles Mögliche«, sagt Alva.

»Aha«, sagt Papa. »Beeil dich bitte, ich muss da nämlich rein.«

»Mhm«, sagt Alva, die überhaupt keine Lust hat, sich zu beeilen.

Draußen wird es still. Alva seufzt tief und rutscht vom Klositz. Sie geht zum Waschbecken, klettert auf den Schemel, um sich im Spiegel anschauen zu können, beugt sich vor und haucht das Spiegelglas an. Der Spiegel beschlägt. Verschwommen kann sie ihr eigenes Gesicht erkennen. Es ist irgendwie dreieckig. Sie möchte ein rundes Gesicht haben. Alvas Augen sind blau, mit kurzen, hellen Wimpern. Ihre Augenbrauen sind hell, fast unsichtbar, und ihre Haare zerzaust.

Alva weiß nicht so recht, welche Farbe ihre Haare haben. Papa behauptet, sie seien blond. Mama sagt hellbraun. Thomas sagt golden, aber bloß, wenn er freundlich aufgelegt ist. Matilda sagt meliert. Alva weiß nicht, was meliert bedeutet. Matilda weiß es garantiert auch nicht, obwohl sie so tut, als ob sie es wüsste. So tun, als ob, das kann Matilda sehr gut.

ALVA

Alva haucht das Glas noch einmal an. Dann schreibt sie mit dem Finger ihren Namen auf den beschlagenen Spiegel:

ALVA KARLSSON.

Doch dann überlegt sie es sich anders. Streicht ALVA KARLSSON durch und schreibt stattdessen ALVA KUDDELMUDDEL.

Schließlich öffnet sie die Tür, geht raus und Papa stürzt rein.

Alva langweilt sich. Thomas langweilt sich. Papa muss so schrecklich viel lesen.

»Warum gehen wir nicht nach Gröna Lund?«, fragt Alva.

»Jetzt nicht«, sagt Papa.

»Ich will Achterbahn fahren«, sagt Thomas.

»Ich auch«, sagt Alva.

»Ein andermal«, sagt Papa, beugt sich über seine Bücher, runzelt die Stirn, seufzt tief und verschwindet in seiner Welt.

Und da sitzen sie nun, Alva und Thomas, und wollen nach Gröna Lund in den Vergnügungspark und Karussell fahren und Eis essen. Aber das geht natürlich nicht, weil Papa weder Zeit noch Geld hat. Später, wenn er Professor geworden ist, wird er zwar reich sein, aber jetzt gerade kann er sich nur *das absolut Notwendigste* leisten, wie er immer sagt.

»Ich will lieber bei Mama wohnen«, sagt Alva gemein zu Papa.

»Warum das denn?«, fragt Papa und schaut von seinen Büchern auf.

Jetzt hat er die traurige Falte auf der Stirn. Plötzlich kriegt Alva Bauchweh. Das kriegt sie immer, wenn Papa traurig ist.

Sie läuft zu ihm hin und umarmt ihn. Papa riecht gut nach Büchern, Kaffee und Erdnüssen.

»Ich verzieh mich«, sagt Thomas.

»Wohin?«, fragt Papa.

»Raus«, sagt Thomas.

»Und was machst du draußen?«

»Weiß nicht«, sagt Thomas. »Die Lage peilen.«

»Aha«, sagt Papa mit einem Seufzer, dann kehrt er in die Welt der Bücher zurück.

»Darf ich mitkommen?«, fragt Alva und folgt Thomas in den Flur.

»Nein, du bist zu klein«, sagt Thomas.

»Bin ich gar nicht!«

»Doch, bist du wohl«, sagt Thomas mit spöttischem Grinsen.

Und schwuppdich! ist er verschwunden. Allein im Flur steht Alva und ist wütend. So wütend, dass es in ihr kocht. Vor lauter Wut muss sie auf der Stelle hüpfen. Zorniges Hüpf, Hüpf! Sie ist ja so wütend, so wütend, Thomas ist ja so gemein, so gemein und Papa so langweilig, so langweilig. Immer muss er bloß diese stinkfaden Bücher lesen, lesen und lesen. Bald wird seine Nase sicher mit den Büchern zusammenwachsen. Dann kommt er nie mehr von den Büchern los!

Alva muss lachen, als sie sich Papas Nase vorstellt, die an den Büchern festgewachsen ist.

»Worüber lachst du?«, fragt Papa. Er ist in den Flur gekommen, um nachzusehen, was los ist.

»Ich muss an deine Nase denken«, sagt Alva.

»Meine Nase?«, sagt Papa und schaut Alva fragend an.

»Ja, weil die bald an den Büchern festwächst«, sagt Alva.

»Ja, schon möglich«, sagt Papa mit einem Seufzer und begibt sich wieder zu den Büchern zurück.

Alva hört auf zu lachen, jetzt ist sie wieder wütend, sie zieht ihre Turnschuhe an, verabschiedet sich nicht von Papa, weil der sich ja doch bloß für seine Bücher interessiert, läuft aus der Wohnung, die Treppe hinunter und raus ins Freie.

Draußen ist es ziemlich kalt, obwohl immer noch Sommer ist. Also läuft Alva schnell zu Matilda. Die wohnt ganz in der Nähe von Papas kleiner Wohnung in einer sehr großen Wohnung.

Matilda ist auch acht Jahre alt, genau wie Alva. Beide kommen zu Frau Blume in die dritte Klasse.

Alva drückt den Türcode, rennt die Treppen nach oben und klingelt an der Tür. Sie ist ganz außer Atem. Aber es tut gut, so schnell durch die Gegend zu rennen, dass die Beine müde werden.

Matildas Mutter öffnet die Tür, Matildas Mutter mit den langen, dunklen Haaren, die Alva so gerne berühren würde, doch das wagt sie natürlich nicht.

»Hallo«, sagt Matildas Mutter. »Ach, du bist das?«

»Ja«, sagt Alva. »Ist Matilda da?«

Matildas Mutter nickt und ruft nach Matilda, die gleich auftaucht.

»Hallo«, sagt Alva. »Spielen wir?«

»Geht nicht«, sagt Matilda. »Wir essen gerade. Dann machen wir uns einen gemütlichen Abend und gucken einen Film an und dazu gibt's was Süßes.«

»Ach so«, sagt Alva und hofft, dass Matilda sie zu dem gemütlichen Abend einlädt.

Doch das tut Matilda nicht. Matilda will ihre gemütliche Familie für sich behalten.

»Spielen wir dann morgen miteinander?«, fragt Alva nach einer Weile.

»Von mir aus«, sagt Matilda. »Jetzt muss ich essen. Tschüs.«

»Tschüs«, sagt Alva.

Die Tür fällt zu. Alva seufzt tief, geht langsam die Treppe nach unten und hinaus ins Freie. Auf der gegenüberliegenden Straßenseite kauert sie sich auf eine Bank und späht zu Matildas Wohnung hinauf. Aus allen Fenstern strömt warmes Licht. Da drinnen sitzt Matilda mit ihren Eltern und ihrer großen Schwester. Alva seufzt noch einmal. Sie möchte auch Eltern haben, die zusammenwohnen. Sie will auch eine große Schwester haben. Sie will Matilda sein. Jedenfalls jetzt gerade.

Wütend und traurig macht Alva sich wieder auf den Heimweg. Als sie an einem Laternenpfahl vorbeikommt, bleibt sie stehen und verpasst ihm ein paar Fußtritte. Das hilft nichts. Davon tun ihr bloß die Zehen weh, und außerdem tut ihr der Laternenpfahl Leid.

»Entschuldigung«, flüstert Alva dem Pfahl zu und streichelt ihn kurz.

Im selben Augenblick erblickt sie Thomas und die Coole Clique.

Die Coole Clique besteht aus drei Jungs und zwei Mädchen in Thomas' Alter. Eigentlich stellen sie keine besonders coolen Sachen an, sondern hängen meistens nur in der Gegend herum, krakeelen ein bisschen und fahren Moped, obwohl sie das noch nicht dürfen.

Weder Mama noch Papa wissen, dass Thomas mit der Coolen Clique herumhängt. Aber Alva weiß es. Und Thomas weiß, dass Alva es weiß.

Thomas hat versprochen, Alva Schwimmen beizubringen, wenn sie es den Eltern nicht verrät. Alva kann nämlich nicht schwimmen und deswegen ist sie in der Schule schon mal gehänselt worden.

Thomas dagegen ist ein toller Schwimmer. Er trainiert in einem Verein, der Neptun heißt, und manchmal fährt er zu Schwimmmeisterschaften und bringt glitzernde, funkelnde Medaillen nach Hause.

Jetzt hat Thomas Alva entdeckt. Er wirft ihr einen ärgerlichen Blick zu und schaut schnell weg.

Das versteht Alva. In diesem Moment ist sie nicht seine Schwester, sondern bloß irgendwas Kleines, das ihn nervt.

Also kehrt Alva lieber zu Papa nach Hause zurück. Inzwischen hat Papa seine Bücher verlassen und sitzt vor dem Fernseher und guckt Nachrichten.

»Wo bist du gewesen?«, fragt Papa.

»Bei Matilda«, sagt Alva. »Aber sie hatte keine Zeit, um mit mir zu spielen.«

»Schade«, sagt Papa.

Dann mag er sich nicht mehr unterhalten, weil die Malin mit dem Wetter auf der Mattscheibe aufgetaucht ist. Papas Augen werden irgendwie größer und er beugt sich leicht vor.

Kaum ist die Malin mit dem Wetter von der Mattscheibe verschwunden, werden Papas Augen wieder normal, er lehnt sich im Sofa zurück und schaltet den Fernseher aus.

Alva kriecht nah an Papa heran. Papa kämmt ihre Haare mit seinen Fingern.

»Diese Sache, die du da schreibst – bist du jetzt bald fertig damit?«, fragt Alva.

»Ziemlich bald«, sagt Papa.

»Kriegst du dann einen Hut?«

»Ja, dann bekomme ich einen Doktorhut«, sagt Papa.

»Und wirst du später mal Professor?«, fragt Alva.

»Das weiß ich nicht«, sagt Papa.

»Wenn ich groß bin, werd ich jemand, der Häuser baut«, erklärt Alva.

»Klingt gut«, sagt Papa.

»Soll ich dir dann ein Haus bauen?«, fragt Alva.

»Ja, tu das.«

»Darf Mama auch in dem Haus wohnen?«

Papa erstarrt. Dann seufzt er tief und streicht Alva über die Wange.

»Ich glaube kaum, dass das eine besonders gute Idee wäre«, sagt er.

Danach sagen Alva und Papa nichts mehr. Sie sitzen nur schweigend nebeneinander und jeder horcht auf den Herzschlag und den Atem des andern.

Thomas gähnt, dass es knackt. Er ist müde. Hundemüde. Er ist erst mitten in der Nacht nach Hause gekommen, obwohl er so spät gar nicht mehr unterwegs sein darf. Jetzt ist Papa sauer und wirft Thomas über den Zeitungsrand hinweg finstere Blicke zu. Thomas schaut in seine Kakaotasse und tut so, als würde er Papas Blicke nicht sehen.

»Warum bist du so spät nach Hause gekommen?«, fragt Papa schließlich.

»Wieso spät!«, faucht Thomas. »Es war doch erst elf.«

»Eins«, sagt Papa.

»Ja, ja, von mir aus eins«, sagt Thomas. »Aber was soll's, ich hab doch Sommerferien, und alle meine Freunde dürfen so lange fortbleiben.«

»Glaub ich nicht«, sagt Papa.

»Bei Mama darf ich immer so lange wegbleiben, wie ich will«, sagt Thomas.

»Jetzt lügst du«, sagt Papa.

»Nein, das ist wahr«, sagt Thomas. »Stimmt's, Alva?«

Thomas starrt Alva durchdringend an und kneift sie gleichzeitig unterm Tisch in den Arm.

»Aua!«, schreit Alva.

»Was hast du gerade gemacht, Thomas?«, fragt Papa und sieht Thomas streng an.

»Nichts«, sagt Thomas.

»Er hat mich gekniffen«, sagt Alva, »und Mama erlaubt uns überhaupt nicht, so lange aufzubleiben, wie wir wollen.«

»Blöde Kuh!«, brüllt Thomas. »Ich denk ja nicht daran, dir Schwimmen beizubringen! Ich hoffe bloß, dass du ertrinkst!«

Es wird mucksmäuschenstill. Papa starrt Thomas an. Thomas starrt Alva an. Alva starrt auf den Tisch. Ein dicker Kloß steckt ihr im Hals. Thomas ist so gemein.

»Tut mir Leid«, sagt Thomas, nachdem das Schweigen lange gedauert hat.

Eine Träne läuft Alva über die Wange. Thomas berührt den Tropfen, er glitzert kurz an seinem Finger, wie ein trauriger kleiner Edelstein.

»Kommst du heute mit mir ins Hallenbad?«, sagt Thomas. »Ich bring dir das Schwimmen bei, so toll, dass du bei jedem Wettschwimmen gewinnst und Medaillen kriegst!«

»Ich will aber keine doofen Medaillen haben«, schnieft Alva.

»Na gut, dann eben keine doofen Medaillen«, sagt Thomas.

Alva kriegt einen Schluckauf. Und wenn Alva einen Schluckauf hat, klingt das sehr lustig. Hi-hi-hicks, klingt das, und bei jedem Hicks federt sie kurz von ihrem Stuhl hoch.

Thomas muss lachen. Papa ebenfalls. Schließlich prustet auch Alva los. Alle drei sitzen sie in Papas kleiner Einzimmerwohnung rings um den Küchentisch und lachen und hicksen und halten sich an den Händen, wie immer, wenn sie sich ganz besonders lieb haben.

Dann ist es Zeit fürs Schwimmbad.

Der Umkleideraum ist voller Mädchen und Frauen jeden Alters und jeder erdenklichen Farbe, Form und Größe. Manche sind kreideweiß, andere eher rosa, einige sehen gelblich aus, andere wiederum braun wie Schokolade, manche sind fast schwarz, dann gibt es welche, die haben sich in einem dieser Solarien bräunen lassen, die wie eine künstliche Sonne sind. Manche sind klapperdürr, andere kugelrund. Einige haben runzlige, irgendwie ausgebeulte Bäuche, andere sind ganz glatt und flach. Alva guckt auf ihren eigenen Bauch hinunter. Der ist glatt und leicht gewölbt. Wie ein Ballon. Sie mag ihren Bauch.

Alva schließt den Schrank ab und streift sich das Band mit dem Schlüssel übers Handgelenk. Sie ist schon öfter mit der Schule hier gewesen, daher weiß sie, wie man seine Sachen aufräumt und einschließt und dass man duschen muss, bevor man die Schwimmhalle betritt.

Sie stellt sich unter eine der Duschen. Das Wasser ist lauwarm. Sie schließt die Augen und malt sich aus, dass sie irgendwo weit weg in einem Wasserfall wohnt. Sie hat Fotos von Wasserfällen gesehen, die ganz grün sind. Wenn sie groß ist, wird sie eine Reise zu so einem Wasserfall machen.

Nachdem Alva eine Weile geduscht hat, schlüpft sie in ihren Badeanzug und geht in die Schwimmhalle. Thomas wartet schon ungeduldig.

»Warum hat das so lang gedauert?«, fragt er. »Komm jetzt, wir müssen tüchtig üben!«

Er zieht Alva hinter sich her zum flachen Becken, das schon voller planschender kleiner Kinder ist.

Alva würde viel lieber in dem großen tiefen Becken schwimmen. Schließlich ist sie kein kleines Kind mehr! Aber solange sie nicht schwimmen kann, erlaubt Thomas ihr nicht einmal, sich dem großen tiefen Becken auch nur zu nähern.

Danach üben sie ganz lange. Thomas macht es vor und Alva ahmt es nach. Beinbewegung. Armbewegung. Richtig atmen. Ein paarmal schluckt sie Wasser, aber ansonsten geht es recht gut.

»Prima, Alva!«, lobt Thomas, als es ihr gelingt, mehrere Meter zu schwimmen, ohne wie ein Stein unterzugehen.

Da wird es Alva ganz warm in der Brust vor Stolz. Thomas ist der beste große Bruder der Welt und sie hat ihn so lieb, dass sie fast platzt.

Aber sie platzt nicht. Sie schluckt Wasser. Und muss husten.

Thomas packt sie und schleppt sie aus dem Wasser.

»Genug für heute«, sagt er und streicht ihr ein paar nasse Haarsträhnen aus der Stirn.

Bald darauf stehen sie trocken und angezogen vor der Schwimmhalle.

Dann gehen sie Hamburger essen.

Nach dem Schwimmen gehen Alva und Thomas immer Hamburger essen. Das bezahlen sie von dem Taschengeld, das Mama ihnen gibt. Von Papa bekommen sie kein Taschengeld. So was kann er sich nicht leisten. Manchmal meckert Mama deswegen, sagt dann aber meistens, wenn er erst mal Professor ist, da muss er es ihr zurückzahlen.

»Glaubst du, dass Mama und Papa wieder heiraten?«, fragt Alva, als sie und Thomas einander gegenübersitzen, Hamburger und Pommes futtern und süße bitzelnde Limo trinken.

»Natürlich nicht, ist doch klar«, sagt Thomas. »Das weißt du doch.«

»Weiß ich überhaupt nicht«, sagt Alva mit trauriger Stimme.

Eine Weile sitzen sie schweigend da.

»Ich hab es satt, die ganze Zeit zwischen Mama und Papa hin- und herzuziehen«, sagt Thomas schließlich.

»Ich auch«, sagt Alva.

»Und außerdem ist es bei Papa so eng«, sagt Thomas.

»Mhm«, macht Alva.

»Also hab ich mir gedacht, vielleicht frag ich Mama mal, ob ich für immer bei ihr wohnen kann.«

Plötzlich fängt Alva an zu zittern, ihr ganzer Körper wird von Papas Traurigkeit erfüllt. Wenn Thomas nicht mehr bei ihm wohnen will, wird Papa nämlich schrecklich traurig werden.

»Dann wird Papa aber traurig«, flüstert Alva.

»Na, dann wohnst du eben bei Papa und ich bei Mama«, sagt Thomas. »Ist doch die Lösung, oder?«

»Aber ich will auch bei Mama wohnen«, sagt Alva.

»Okay, dann zieh doch einfach auch zu ihr!«, sagt Thomas.

»Nein, weil ich bei Papa wohnen will«, sagt Alva.

Thomas seufzt und stopft sich eine Hand voll Pommes in den Mund. Sein Mund ist so voll, dass er ihn fast nicht mehr zubringt. Plötzlich möchte Alva ihn am liebsten kitzeln, damit er losprustet und alle Pommes ihm durch die Ohren und Nasenlöcher rauszischen. Aber das macht sie natürlich nicht, weil sie an Papa denken muss und daran, wie traurig er wäre.

»Komm, jetzt gehen wir heim zu Papa und erzählen ihm, dass du fast fünf Meter schwimmen kannst ohne unterzugehen«, sagt Thomas, als er alle Pommes verputzt hat.

Sie verlassen das Hamburgerrestaurant und wandern durch die Stadt nach Hause.

Alva ist ein bisschen traurig. Aber ihre Hände riechen gut nach dem Chlor im Schwimmbecken.

Matildas Zimmer ist eine wahre Schatzkammer. Sie hat eine riesengroße Puppenstube voller hübscher kleiner Möbel. In ihrem Bücherregal stehen lauter Donald-Duck-Taschenbücher. So was kauft Papa nicht, das findet er unnötig. Die Deckenlampe in Matildas Zimmer ist eine Discokugel, und einen eigenen Computer hat sie auch. Die Wände ihres Zimmers hängen voller Poster von Popstars, und Alva tut immer so, als wüsste sie, um wen es sich handelt. Und oben auf einem Regal sitzen mehrere kostbare alte Porzellanpuppen und baumeln mit ihren weißen Beinen. Die hat Matilda von ihrer Urgroßmutter geerbt.

»Es war ein arabischer Prinz«, fängt Matilda an, als Alva sich wieder einmal bereit erklärt hat, sich die Geschichten über Elvira anzuhören. »Er war wunderschön und hatte schwarze Haare und ritt auf einem Pferd, das …«

»Aber du hast doch gesagt, dass er auf einem Kamel ritt«, wendet Alva ein.

»Na ja, ab und zu hat er eben abgewechselt«, sagt Matilda, die vor dem runden Spiegel mit dem Goldrahmen sitzt und in ihren Schminksachen herumsucht.

Matilda hat eine Menge Schminksachen. Und Parfüms.

Und Glitzerkleider und Schuhe mit hohen Absätzen. Alva hat die Absatzschuhe schon ein paarmal anprobiert, aber es ist nicht einfach, damit zu laufen.

»Soll ich einen Filmstar aus dir machen?«, fragt Matilda.

Alva nickt. Matilda springt vom Stuhl hoch und lässt Alva darauf Platz nehmen. Dann legt Matilda los: Als Erstes pudert sie Alvas Gesicht, bis es ganz weiß ist, dann bemalt sie Alvas Augenlider mit einer hellblauen Farbe, die ein bisschen glitzert, anschließend reibt sie Alva rote Farbe auf die Wangen und schließlich schminkt sie ihre Augenwimpern schwarz und die Lippen rot.

»Oh, jetzt bist du aber schön!«, sagt Matilda.

Alva nickt vorsichtig. Ehrlich gesagt findet sie sich tatsächlich sehr schön.

»Soll ich dir eine Prinzessinnenfrisur machen?«, fragt Matilda.

Alva nickt wieder.

»Aber dann musst du die Augen zumachen!«, sagt Matilda.

»Warum das denn?«

»Weil es sonst eine Hexenfrisur wird und keine Prinzessinnenfrisur«, erklärt Matilda.

»Aha«, sagt Alva und schließt die Augen.

Es gefällt ihr, mit geschlossenen Augen dazusitzen, während Matilda ihr die Haare kämmt und an ihr herummacht. Das ist so wohlig, dass sie fast einschläft. Aber nur fast.

Während Alva dasitzt und darauf wartet, die Augen wieder aufmachen zu dürfen, denkt sie an Papa. Heute Abend, wenn Mama kommt, um Alva und Thomas abzuholen, wird er bestimmt schrecklich traurig sein.

Bei diesem Gedanken kriegt Alva Bauchweh und Kopfweh, ja, fast ihr ganzer Körper tut ihr weh. Sie stößt einen tiefen Seufzer aus.

»Warum musst du so seufzen?«, fragt Matilda.

»Ach, nur so«, sagt Alva.

»Jetzt wird's ein bisschen nass und schmierig«, teilt Matilda mit.

»Warum denn?«, fragt Alva. »Was machst du da?«

»Das gibt eine Überraschung«, sagt Matilda. »Aber es wird total cool!«

Alva seufzt noch einmal. Am liebsten möchte sie heimlich gucken, aber dann wird Matilda natürlich stinksauer, und wenn Matilda stinksauer ist, wird alles so kompliziert. Also kneift sie weiterhin die Augen zu und denkt an Papa, während Matilda endlos lang an ihren Haaren herumfummelt.

»Jetzt darfst du die Augen aufmachen!«, sagt Matilda schließlich.

Alva öffnet die Augen. Sie fährt fast von ihrem Stuhl hoch.

»Aber die sind ja rot!«, ruft sie.

»Sieht doch toll aus, oder?«, sagt Matilda.

»Aber ich will keine roten Haare haben!«, schreit Alva und starrt ihren feuerroten Schopf an.

»Ehrlich nicht?«, sagt Matilda und macht ein trauriges Gesicht.

»Nein!«, schreit Alva und bricht in Tränen aus.

Da heult Matilda auch los. Beide weinen und schluchzen, bis Matildas Mutter hereinkommt und fragt, was denn passiert sei.

»Oje«, sagt Matildas Mutter, als sie Alvas Haare erblickt.

»Ich will meine Haare wiederhaben!«, brüllt Alva.

»Ich hab sie doch bloß hübsch machen wollen«, schnieft Matilda.

»Ist schon gut«, tröstet Matildas Mutter, »alles halb so

schlimm. Wir waschen die Farbe raus und dann gibt es Saft und Rosinenschnecken. Ist das was?«

Alva schnieft und nickt. Matilda schnieft und nickt. Matildas Mutter nimmt beide an die Hand, eine links und eine rechts, und geht mit ihnen ins Badezimmer. Dort muss Alva sich ausziehen und sich in die Badewanne stellen. Matildas Mutter duscht sie und wäscht ihre Haare mit Shampoo, bis die ganze rote Farbe davongeflossen ist.

»Jetzt ist alles weg«, sagt sie und wickelt Alva in ein Badetuch.

Alva seufzt erleichtert, als sie sich selbst im Spiegel sieht. Ihre Haare sind wieder normal.

Sie zieht sich an und geht in die Küche, wo Matilda mit betrübter Miene am Tisch sitzt und ihren Lieblingsteddy Holger im Arm hält.

»Jetzt ist alles weg«, sagt Alva und setzt sich auf den Stuhl neben Matilda.

»Mhm«, sagt Matilda.

Dann schweigen sie lange. Sie trinken Saft und essen die Rosinenschnecken, die Matildas Mutter auf den Tisch stellt. Sie lassen die Beine baumeln und schielen zueinander rüber. Dann gehen sie wieder in Matildas Zimmer und verkriechen sich in die Schmuseecke, wo Matilda alle ihre Kuscheltiere hat. Matilda presst Holger fest an sich. Alva drückt Tiger an sich.

»Spielen wir Urwald?«, fragt Alva.

Matilda nickt. Eine Weile spielen sie Urwald. Tiger und Holger sind zwei Entdecker und werden immer wieder um ein Haar aufgefressen. Doch dann erklärt Matilda, das sei ihr zu kindisch und zu langweilig.

»Ich möchte lieber surfen«, sagt sie und schmeißt Holger in eine Ecke.

»Okay«, sagt Alva und legt Tiger behutsam hin.

Sie setzen sich vor den PC und gehen ins Internet. Matilda klickt sich in eine Seite über Britney Spears.

»Wenn ich groß bin, werd ich auch ein Popstar«, sagt Matilda.

»Du wolltest doch Entdecker werden«, sagt Alva.

»Ja, aber inzwischen hab ich meine Meinung geändert«, sagt Matilda. »Ist doch viel cooler, Popstar zu sein. Dann ist man berühmt und darf im Fernsehen auftreten und so.«

»Mein Papa kennt eine, die ist im Fernsehen«, sagt Alva.

»Wen denn?«, fragt Matilda.

»Sie heißt Malin und weiß alles übers Wetter«, sagt Alva. »Papa ist in sie verliebt.«

»Und ist sie in ihn verliebt?«

»Keine Ahnung«, sagt Alva.

»Hat dein Papa sie denn nicht gefragt?«, will Matilda wissen.

»Ich glaub nicht«, sagt Alva.

Matilda schweigt eine Zeit lang und scheint nachzudenken.

Dann verlässt sie das Internet und öffnet stattdessen ein leeres Dokument.

»Wir schreiben dieser Malin jetzt einen Brief von deinem Papa«, erklärt Matilda.

»Wirklich?«, sagt Alva.

»Ja, und da fragen wir sie, ob sie deinen Papa treffen will und mit ihm essen gehen oder ins Kino oder sonst was, was Erwachsene eben tun, wenn sie verliebt sind«, sagt Matilda.

Alva überlegt eine Weile.

Eigentlich möchte sie nicht, dass Papa in diese Malin vom Fernsehen verliebt ist. Sie will, dass Papa sich wieder in Mama verliebt. Doch das traut sie sich nicht zu sagen, weil Matilda sie dann bloß kindisch findet. Jemand, der hofft, dass alles so wird wie früher, ist natürlich kindisch. Daher nickt Alva, obwohl sie den Kopf schütteln will.

Matilda lächelt. Und dann legen sie los.

Als sie fertig sind, sieht der Brief so aus:

HALLO MALIN IM FERNSEHN!

ICH HEISE KALLE UND ICH BIN IN DICH FERLIBT. UND ICH WILL MIT DIR INS KIENO GEHN. WILLST DU DAS AUCH?
ICH WONE IN STOCKHOLM UND ICH HAB 2 KINDER UND KEINE FRAU.

ICH KUCK DICH JEDEN TAHG ANN.
UND ICH FINT DICH TOTAHL SÜS.
TSCHÜS VON MIR.

KALLE KARLSSON

Sie schreiben Papas Telefonnummer und Adresse hin und dann falten sie den Brief zusammen und stecken ihn in einen schönen Umschlag, den sie an MALIN IM WETTER-FERNSEHN adressieren.

Sie kleben eine Briefmarke drauf und gehen zum Briefkasten und werfen den Brief ein.

Dann muss Alva nach Hause.

Als Alva daheim ankommt, ist Mama schon da, um sie und Thomas abzuholen.

Alva sitzt in ihrem Zimmer in Mamas und Bernds Haus auf dem Bett und hat Heimweh nach Papa. Sie hat Bauchweh. Irgendwie verkrampft sich alles in ihr. Es ist, als hätte sie einen großen Knoten im Innern. Einen großen harten Knoten, der anfängt zu bluten und zu scheuern. Sie streicht sich ein paarmal mit der Hand über den Bauch. Da wird es gleich besser.

Aus Thomas' Zimmer kommen die zornigen Töne einer gedämpften E-Gitarre. Thomas spielt unheimlich schlecht E-Gitarre, tut es aber trotzdem. Obwohl Mama ihn gezwungen hat, Kopfhörer aufzusetzen, damit man den Krach nicht im ganzen Haus hört.

Thomas ist sauer. Seit sie von Papa zurückgekommen sind, ist er sauer. Alva fragt sich, warum. Sie fragt sich auch, wie es Papa geht. Ob er wohl nach ihr und Thomas Sehnsucht hat. Hoffentlich! Und dann überlegt sie, ob diese Malin im Fernsehen den Brief erhalten hat, den sie und Matilda geschrieben haben. Hoffentlich nicht. Der Gedanke versetzt ihr einen Stich in den Bauch.

In diesem Moment geht die Tür auf und Mama späht herein.

»Darf ich reinkommen?«, fragt sie.

Alva nickt. Mama kommt ins Zimmer und setzt sich neben Alva aufs Bett. Sie streicht Alva übers Haar und nimmt sie in die Arme. Das tut gut. Mamas Körper ist so weich und warm und ihre Haare sind lang und blond und überhaupt die schönsten Haare auf der ganzen Welt. Mama trägt einen hellblauen Pulli zu hellblauen Hosen. Hellblau ist Mamas Lieblingsfarbe. Mamas Augen sind hellblau. Mama ist wie der Himmel.

»War's schön bei Papa?«, fragt Mama.

Alva nickt.

»Und wie geht's Papa inzwischen?«

»Weiß nicht so recht«, sagt Alva. »Er muss so viel seufzen.«

»Das wird wohl an dieser Abhandlung liegen«, sagt Mama.

»Worüber muss er denn abhandeln?«, fragt Alva.

»Weiß ich nicht genau«, sagt Mama. »Jedenfalls geht es um etwas, das er ausrechnet. Etwas, das mit dem Weltraum zu tun hat.«

»Und warum?«, fragt Alva.

Mama lächelt.

»Das musst du ihn selber fragen«, sagt sie.

»Wenn er Professor wird und berühmt ist, heiratest du ihn dann wieder?«, fragt Alva.

Mama kriegt ganz traurige Augen.

»Nein, mein Schatz, das werde ich nicht tun«, sagt sie leise.

»Aha«, sagt Alva und seufzt.

»Komm jetzt zum Essen«, sagt Mama. »Sagst du Thomas Bescheid?«

Alva nickt. Mama verschwindet. Alva rutscht vom Bett und begibt sich mit schweren Schritten aus ihrem Zimmer zu Thomas' Tür. Sie klopft an. Die einzige Antwort ist ein verzerrter Gitarrenakkord. Vorsichtig öffnet sie die Tür einen Spalt weit und schielt hinein.

In Thomas' Zimmer ist es total finster, das Rollo heruntergezogen, kein Licht an. Mitten im Zimmer steht Thomas mit den Kopfhörern auf dem Kopf. Er hat die Augen geschlossen und spielt auf seiner E-Gitarre.

Alva muss kichern. Er sieht so ernst aus und beinah … beinah erwachsen. Sie muss noch mehr kichern. Thomas als Erwachsener, das kann man sich einfach nicht vorstellen. In ein paar Wochen wird er dreizehn. Dann ist er ein Teenie.

Teenie. Das klingt irgendwie so fremd. Als würde er sich plötzlich in ein seltsames Tier oder so was verwandeln, bloß weil er dreizehn wird.

In diesem Augenblick entdeckt Thomas sie. Er wird wütend, schrecklich wütend, das sieht sie seinen Augen an. Er reißt sich den Kopfhörer vom Kopf.

»MEIN ZIMMER IST FÜR HOSENSCHEISSER VERBOTEN!«, schreit er, während er die Gitarre wegwirft und auf die Tür zurast.

Alva ergreift die Flucht. Durch den Flur. Die Treppe hinunter. Hinein in die Küche und in Mamas schützende Arme.

»Was ist denn los?«, fragt Mama.

»SIE SPIONIERT HINTER MIR HER!«, schreit Thomas.

»Tu ich gar nicht«, piepst Alva. »Ich wollte dir bloß sagen, dass wir jetzt essen und …«

»ICH HASSE DICH!«, schreit Thomas.

»Thomas, jetzt bist du still!«, faucht Mama, geht zu ihm hin und packt ihn am Arm.

Thomas reißt sich los und funkelt Mama an. Alva streckt ihm die Zunge raus. Er schneidet ihr eine Grimasse. Doch dann entdeckt er die Hackfleischsoße und die Spagetti, die auf dem Herd vor sich hin köcheln, vergisst plötzlich seinen Ärger und hat nur noch Hunger.

Alva und Thomas setzen sich an den Esstisch. Thomas häuft sich einen Berg aus Spagetti und Fleischsoße auf den Teller und fängt an zu schlingen. Mama holt Oskar und setzt ihn in den Kinderstuhl. Bernd unterhält sich am Handy mit irgendeinem Bekannten. Er telefoniert andauernd mit dem Handy. Wenn er weiterhin so viel redet, kriegt er vielleicht Ohrenweh vom Handy. Es ist gefährlich, zu viel mit dem Handy zu telefonieren, das hat Papa gesagt.

»Bernd, komm jetzt zum Essen!«, ruft Mama.

Bernd, der mit dem ans Ohr gepressten Handy draußen auf der Terrasse auf und ab geht, winkt Mama kurz zu.

Oskar fängt an zu essen. Allerdings verkleckert er mehr, als er isst. Er ist drei Jahre alt, hat blonde Locken und runde weiche Wangen. Er ist unglaublich niedlich. Und Alvas Halbbruder ist er auch. Aber wie ein richtiger Bruder kommt er Alva nicht vor, weil er ja irgendwie Bernd gehört. Und Bernd ist ein Fremder. Obwohl Mama und Bernd schon viele Jahre zusammenleben, ist Bernd für Alva noch ein Fremder.

Bernd kommt an den Tisch, nimmt Platz und fängt ebenfalls an zu essen, wird aber immer wieder vom Handyklingeln unterbrochen. Und Oskar schreit und quengelt und kleckert. Das meiste Essen landet nicht in seinem Mund, sondern

irgendwo daneben und auf seinem Bauch. Und auf Mama, die neben ihm sitzt und wischt und wischt.

»Nein, jetzt musst du aber mit dem Telefonieren aufhören und dich um Oskar kümmern«, sagt Mama schließlich, als es zum vierten Mal geklingelt hat.

»Ja, ja, mein Schatz«, sagt Bernd und tätschelt Mamas Hand.

Mama zieht die Hand zurück. Sie ist sauer und müde.

Am Tisch wird es still. Thomas schaufelt Spagetti in sich rein. Oskar kleckert. Alva hat Bauchweh und mag nichts essen. Bernds Handy klingelt schon wieder. Er meldet sich. Mama seufzt.

»Ich will ein Handy«, sagt Thomas wütend. »Alle in der Klasse haben ein Handy, bloß ich nicht.«

»Dafür bist du noch zu klein«, sagt Mama.

»Das sagt Papa auch!«, faucht Thomas.

Er starrt Mama an. Mama seufzt nur, schüttelt den Kopf und beugt sich über den Tisch, um ihm über die Wange zu streichen. Er will nicht gestreichelt werden, sondern steht auf und stampft wütend davon. Päng!, macht es, als er die Tür zuschmettert.

»Das sind bloß die Hormone«, sagt Bernd, der sein Handygespräch beendet hat.

»Wirklich?«, schluchzt Mama.

»Ja, das ist überhaupt nicht schlimm und geht vorbei«, sagt Bernd und gibt Mama einen Kuss auf die Wange.

Mama und Bernd küssen sich eine Weile. Oskar hat sich beruhigt. Alva bedankt sich fürs Essen und huscht in ihr Zimmer zurück. Sie hat immer noch Hunger, weil sie ja fast überhaupt nichts gegessen hat. Wenn ringsum alles ein einziges Durcheinander ist, bringt sie irgendwie nichts runter.

Aber für dieses Problem gibt es eine Lösung. Unterm Bett hat Alva nämlich ein Kästchen voller Süßigkeiten stehen. Ein geheimes Kästchen mit einem richtigen Schloss.

Dieses Kästchen öffnet sie jetzt. Da liegen Lakritze, gestreifte Pfefferminzbonbons, Gummibärchen und diese kleinen Colafläschchen, die so gut schmecken.

Sie isst und isst, bis ihr von dem vielen Zucker fast übel wird. Dann verschließt sie das Kästchen wieder, holt Papier und Buntstifte, kriecht damit ins Bett und fängt an ein Haus zu malen.

In dem Haus wohnt die Familie Kuddelmuddel.

In dem Haus gibt es viele Zimmer. Es hat Türme und Zinnen. Und Tore. Und Fenster. Und Treppen und Leitern. Und unterirdische Gänge.

In diesem seltsamen Haus gibt es einfach alles.

Irgendwie ist alles so komisch, so verwirrend, denkt Alva.

Sie malt und malt, und je mehr sie malt, desto verwirrter fühlt sich ihr Kopf an.

Schließlich zerknüllt sie das Blatt mit dem Bild und wirft es in den Papierkorb.

Dann geht sie zu Thomas' Zimmer. Sie hat Lust, sich ein

bisschen mit ihm zu unterhalten. Einfach so, über nichts Besonderes. Vielleicht übers Schwimmen. Oder über Handys. Oder über die Schule, die bald wieder anfängt.

Sie klopft an die Tür. Keine Antwort. Sie klopft noch einmal. Immer noch keine Antwort.

Vorsichtig öffnet sie die Tür und späht ins Zimmer.

Im Zimmer ist es hell. Und windig. Und ein Fenster steht offen.

Thomas ist abgehauen!

»Thomas ist abgehauen!«, schreit Alva und rennt durchs Haus.

»Was? Was sagst du da? Alva, was ist passiert?«, ruft Mama und kommt aus dem Wohnzimmer gestürzt.

»Er ist nicht mehr da«, keucht Alva. »Das Fenster steht offen. Er ist abgehauen!«

Mama rennt in Thomas' Zimmer.

Tatsächlich. Es stimmt. Thomas ist verschwunden. Mama bricht in Tränen aus.

»Bloß weil ich eine schlechte Mutter bin«, schluchzt sie. »Ich kümmere mich nicht so um euch, wie es richtig wäre. Ich hab immer so viele andere Sachen im Kopf. Ich bin so eine schlechte Mutter …«

Mama zittert am ganzen Leib. Alva umarmt Mamas zitternden Körper. So bleiben sie lange stehen. Dann läutet das Telefon. Alva hört Bernd im Wohnzimmer antworten. Dann kommt Bernd in Thomas' Zimmer.

»Kalle am Apparat«, sagt er. »Thomas ist bei ihm.«

Mama trocknet ihre Tränen, geht ins Wohnzimmer und nimmt den Hörer.

Mama und Papa unterhalten sich lange. Mamas Stimme klingt traurig, fast flüsternd. Schließlich legt sie auf.

»Thomas darf diese Woche bei Papa bleiben«, sagt Mama zu Alva, die von der Türschwelle aus zu lauschen versucht hat.

»Warum das denn?«, fragt Alva.

»Weil er es satt hat, dauernd umzuziehen«, erklärt Mama.

»Das hab ich auch«, sagt Alva.

»Ich weiß, mein Schatz«, sagt Mama. »Ich weiß.«

Mama muss zur Arbeit. Bernd muss zur Arbeit. Oskar muss in den Kindergarten. Alva muss nirgendwo hin. Und weil Thomas bei Papa ist, wird sie den ganzen Tag in dem großen Haus alleine sein. Das will sie nicht. Obwohl sie acht Jahre alt ist, also schon ziemlich groß, und so etwas ihr eigentlich nichts ausmachen dürfte. Aber einen ganzen Tag allein sein, das will sie nicht. Sie will nicht groß und stark sein. Sie will klein und schwach sein.

Daher nickt Alva, als Mama fragt, ob sie in die Klinik mitkommen will.

Alva hat Mama bisher noch nie zur Arbeit begleitet. Thomas hat ihr so unheimliche Geschichten von den Patienten erzählt, dass sie sich davor gegruselt hat.

Mama ist Krankenschwester. In der Psychiatrie. Schon das Wort klingt unheimlich. Alva schaudert es. Aber diesmal hat sie keine andere Wahl.

»Tschüs, mein Schatz«, sagt Bernd und drückt Mama einen Kuss auf den Mund.

»Tschüs«, sagt Mama. »Kannst du Oskar auch abholen?«

Bernd nickt und verschwindet mit Oskar, der in den Kindergarten gefahren werden muss.

»Dann gehen wir jetzt«, sagt Mama und reicht Alva die Hand.

Alva legt ihre Hand in Mamas Hand, die warm und ein wenig feucht ist, und geht mit ihr zur Bushaltestelle.

Etwas später stehen sie vor dem Eingang des großen Krankenhauses, in dem Mama arbeitet.

»Hast du auch deine Bücher und den Zeichenblock mitgebracht?«, fragt Mama.

Alva nickt.

»Ich muss nämlich immer mal wieder weg und nach den Patienten schauen, und so lange musst du eben allein im Personalzimmer bleiben«, sagt Mama.

Alva nickt wieder. Mama lächelt ihr zu. Und dann fahren sie mit dem Aufzug in den siebten Stock.

Dort wohnen die psychisch Kranken.

Mama hat Alva erklärt, dass Leute, die psychisch krank sind, eine Krankheit haben, die man nicht immer von außen sehen kann. Die Krankheit befindet sich sozusagen drinnen im Kopf. Manche psychisch Kranke sind sehr traurig, andere können nicht unterscheiden, was wirklich ist und was nicht, und dann gibt es einige, die glauben, sie seien mehrere Personen gleichzeitig. Manche glauben, sie würden verfolgt, und dann gibt es auch welche, die hören in ihrem Kopf irgendwelche Stimmen.

Es muss sehr anstrengend sein, wenn man psychisch krank ist, denkt Alva.

Vielleicht wird sie später, wenn sie groß ist, ein Pflaster erfinden, das gegen unsichtbare Wunden hilft. Für den Fall, dass sie doch keine Häuser baut.

Mama öffnet eine Tür, die in einen langen, engen Korridor führt, in dem es nach Medizin und Seife riecht. Eine dicke Frau taucht auf. Sie trägt weiße Kleider und hat komische Augen. Alva sieht Mama fragend an.

»Hallo, Veronika«, sagt Mama und lässt Alvas Hand los.

»Wer bist du?«, fragt die Frau und starrt Mama erbost an.

»Komm, wir gehen in dein Zimmer zurück«, sagt Mama und legt der Frau eine Hand auf den Arm.

Die Frau schüttelt den Kopf. Mama führt sie trotzdem zu einem Zimmer, wo die Tür angelehnt ist. Mama sagt zu Alva, sie soll im Korridor stehen bleiben und warten. Dann verschwinden Mama und die Frau in dem Zimmer. Alva hört die Frau kurz aufschreien, dann redet Mama ruhig auf sie ein.

Nach einer Weile kommt Mama wieder zu Alva heraus.

»Jetzt gehen wir zum Personalzimmer«, sagt Mama.

Sie folgen dem langen Korridor und durchqueren einen Aufenthaltsraum, wo viele Leute auf Sofas und Sesseln sitzen und Fernsehen gucken. Alle wirken irgendwie seltsam, findet Alva. Manche zittern, andere wiegen sich hin und her, einige reden laut vor sich hin, ein paar sehen einfach bloß komisch aus. Aber gefährlich wirken sie nicht. Nur seltsam. Alva überlegt, warum sie wohl so geworden sind und ob jeder so werden kann. Sie selbst, zum Beispiel. Hoffentlich nicht. Denn das ist bestimmt nicht besonders lustig.

»Hier«, sagt Mama und öffnet eine Tür.

Alva und Mama treten in ein großes helles Zimmer mit schönen Sofas und Tischen und einer Küchenabteilung. In dem Zimmer gibt es einen Fernseher und eine Menge Bücher und Zeitungen.

Auf den Sofas sitzen Frauen und Männer in weißen Kitteln. Alle lächeln freundlich, als sie Alva und Mama sehen.

»Das hier ist Alva«, sagt Mama. »Sie wird heute hier bleiben. Leider gab es keine andere Lösung.«

»Das macht nichts«, sagt eine Frau, die lieb aussieht. »Es ist doch nur nett, wenn Kinder da sind. Wie alt bist du denn?«

»Acht«, sagt Alva.

»Dann gehst du schon in die Schule?«, fragt die Frau.

»Ja, ich komme bald in die dritte Klasse«, sagt Alva.

»Und was willst du mal werden, wenn du groß bist?«, fragt die Frau weiter.

»Jemand, der Häuser baut«, sagt Alva. »Oder so jemand, der Sterne entdeckt.«

»Ein Astronom?«

Alva nickt. Die Frau hört auf zu fragen. Warum wollen alle Erwachsenen eigentlich immer wissen, wie alt Alva ist, in welche Klasse sie geht und was sie werden will, wenn sie groß ist?

»Und was willst du denn werden, wenn du groß bist?«, fragt Alva.

Alle im Zimmer lachen. Mama auch. Alva begreift nicht, warum. Als sie fertig gelacht haben, springen sie von den Sofas und Sesseln auf und verschwinden. Mama und Alva bleiben zurück.

»So, jetzt muss ich nach meinen Patienten schauen«, sagt Mama. »Du kannst ja so lange lesen und zeichnen, bis ich wiederkomme.«

Alva nickt.

»Im Kühlschrank ist Saft und Milch«, sagt Mama. »Und wenn du Hunger hast, kannst du dir ein Brot machen.«

Alva nickt noch einmal. Mama streicht ihr über die Wange und geht.

Alva hockt sich auf eins der Sofas und fängt brav an zu zeichnen. Aber nach einer Weile wird es ihr langweilig. Oder vielleicht ist sie bloß müde? Sie streckt sich auf dem Sofa aus und versucht zu schlafen. Aber nein, sie ist kein bisschen müde. Also hüpft sie vom Sofa und untersucht stattdessen das Personalzimmer. Als Erstes öffnet sie den Kühlschrank und entdeckt eine Tafel Schokolade. Eine große. Eine riesengroße. Aber obwohl Alva so klein ist, kann sie ziemlich viel essen. Vor allem Schokolade.

Zuerst nimmt sie bloß ein Stückchen. Dann nimmt sie noch eins und noch eins, und, schwuppdich, ist die ganze Schokoladentafel verschwunden. Aber dafür fühlt sich Alvas

Magen schön warm und wohlig an. Alva muss lachen. Und plötzlich kriegt sie Lust, auf Entdeckungsreise zu gehen.

Sie öffnet die Tür des Personalzimmers und linst hinaus in den Korridor. Er ist lang und ganz leer. Aber aus den Zimmern dringen eigenartige Geräusche. Jemand schreit. Jemand lacht. Jemand scheint schwere Sachen durch die Gegend zu schleifen. Jemand redet mit komischer Stimme. Jemand hört Musik.

Zwei weiße Kittel tauchen auf. Alva sagt Hallo. Aber die beiden antworten nicht, weil sie Alva nicht einmal sehen. Sie haben es sehr eilig, unterhalten sich mit gestressten Stimmen über verschiedene Patienten und verschwinden dann in einem der Zimmer.

Alva folgt dem Korridor, bis sie wieder in dem großen Aufenthaltsraum landet. Jetzt sitzen da vier Patienten auf den Sofas und gucken fern. Einer von ihnen ist sehr dünn und hat einen ganz krummen Rücken. Ein anderer schaukelt hin und her und murmelt dabei unverständliches Zeug. Ein dritter spricht laut mit sich selbst. Ein vierter hockt direkt vor dem Fernsehapparat auf dem Boden und starrt den Bildschirm an. Alva geht zu dem Starrer hin.

»Hallo«, sagt sie.

»Was?«, sagt der Starrer.

»So nah vor dem Bildschirm sitzen, das ist gefährlich«, sagt Alva. »Davon kann man viereckige Augen kriegen.«

»Vier Ecken«, sagt der Starrer.

»Nein, viereckige«, sagt Alva.

»Muss pieseln«, sagt der Starrer.

»Nein, muss ich gar nicht«, sagt Alva.

»Muss pieseln«, sagt der Starrer, und plötzlich merkt Alva, dass es nach Pipi riecht.

Bäh! Auf dem Boden unter dem Starrer erscheint auf einmal eine große gelbe Pfütze.

Alva fährt mit einem Riesensatz von ihm weg. Die drei anderen Patienten gucken sie an. Alva kriegt Angst. Sie weicht ein paar Schritte zurück. Fängt an zu rennen, rennt durch die Korridore, hat Angst, das Herz klopft, Mama, wo ist Mama, Hilfe, Hilfe, HILFE!

Eine Tür ist nur angelehnt. Alva schlüpft hinein. Gerettet!

Doch im selben Augenblick fällt ein großer Schatten auf sie.

Ein Mann beugt sich über Alva. Ein Fremder. Ein fremder Mann, der sie vielleicht auffressen will! Er hat einen gezwirbelten Schnurrbart und eine komische Mütze auf dem Kopf, eine hellbraune. Sein Anzug ist aus schwarz-weiß kariertem Stoff und ziemlich verschlissen. Der Mann hat eine grüne und eine rosa Socke an und in seinem Mundwinkel hängt eine Zigarette, die aber nicht angezündet ist.

Vor lauter Angst kann Alva sich nicht rühren. Ihr ganzer Körper ist steif wie ein Stock.

»Sei gegrüßt«, sagt der Mann. »Ich bin der Dichter.«

»Was?«, sagt Alva mit ängstlicher Stimme.

»Ich bin der Dichter«, sagt der Mann. »Willkommen in meinem Reich. Was willst du hören?«

»Hören?«, fragt Alva.

»Was soll ich dir vorlesen?«

»Weiß nicht«, sagt Alva und wirft einen Blick über die Schulter.

Die Tür ist zu. Die vier Bekloppten, die bestimmt hinter ihr her waren, haben nicht hierher gefunden. Sie seufzt erleichtert auf. Aber Angst hat sie immer noch. Der Dichter wirkt auch ziemlich bekloppt.

»Bist du bekloppt?«, fragt sie.

Der Dichter nickt ernsthaft.

»Alle Dichter sind bekloppt«, sagt er. »Magst du ein Glas Wein?«

»Nein danke«, sagt Alva.

»Und was ist mit Kaffee?«, fragt der Dichter.

Alva schüttelt den Kopf.

»Wenn du willst, kriegst du Kinderwein«, sagt der Dichter.

»Und was ist das?«, fragt Alva.

»Saft«, sagt der Dichter.

»Gut. Von mir aus«, sagt Alva.

Aber als sie sich gerade in dem einen der beiden Sessel des Dichters niedergelassen und ein Glas Kinderwein bekommen hat, wird die Tür aufgerissen und Mama kommt hereingestürzt.

Alvas Gesicht leuchtet auf. »Hallo, Mama!«, sagt sie.

»Alva!«, schreit Mama. »Was machst du hier? Du solltest doch im Personalzimmer bleiben! Ich hab dich überall gesucht, bin so erschrocken …«

Mama sieht aus, als würde sie gleich in Tränen ausbrechen.

»Mir geht's gut«, erklärt Alva. »Ich trinke Wein.«

»Was!?«, schreit Mama. »Du trinkst Wein!«

Sie stürzt zu Alva hin, entreißt ihr das Glas mit dem Saft, dreht sich dann zu dem Dichter um, der inzwischen seine Zigarette angezündet hat, und nimmt ihm die Zigarette heftig aus dem Mund.

»Du weißt, dass du nicht rauchen darfst«, sagt sie erbost. »Und Kindern Wein anbieten – das darfst du auch nicht, ist doch eigentlich klar, oder? Wo hast du überhaupt den Wein und die Zigaretten her?«

»Ich bin ein Dichter«, protestiert der Poet, »und Dichter brauchen Wein und Zigaretten, ich muss …«

»Ja, ja«, sagt Mama, »du bist ein großartiger Dichter, Isak, aber manchen Dichtern tun Wein und Zigaretten nicht gut, sie brauchen stattdessen Medikamente.«

Der Dichter seufzt tief, geht zu seinem Bett und legt sich

hin. Mama streicht ihm kurz über die Wange. Dann holt sie aus einer ihrer vielen Taschen ein paar weiße Pillen. Vielleicht ist das ihre spezielle Isak-Tasche, denkt Alva. Isak muss die Pillen mit Wasser runterschlucken. Nach einem Weilchen schläft er ein.

»Komm jetzt mit ins Personalzimmer, die andern trinken schon Kaffee«, sagt Mama und nimmt Alva an der Hand.

Im Personalzimmer herrscht schlechte Stimmung. Einer der Ärzte ist sauer, weil seine Schokoladentafel verschwunden ist.

»Jetzt will ich wissen, wer sie aufgegessen hat!«, sagt er mit ärgerlicher Stimme.

Alva streckt die Hand hoch, genau wie in der Schule. Alle drehen sich zu ihr um.

»Ach so, du warst das«, sagt der Arzt und sieht plötzlich nicht mehr ganz so sauer aus.

»Entschuldigung«, sagt Alva. »Aber ich hab solchen Hunger gehabt. Ich kauf dir eine neue.«

»Nicht nötig«, sagt der Arzt.

»Dann kriegst du stattdessen einen Kuss«, sagt Alva, hüpft zu ihm hin und gibt ihm einen Schmatz.

»Oho, vielen Dank«, sagt der Arzt, der plötzlich einen ganz roten Kopf hat.

»Warum bist du so rot im Gesicht?«, fragt Alva.

»Ich bin es nicht gewöhnt, geküsst zu werden«, sagt der Arzt darauf, aber so leise, dass nur Alva es hören kann.

»Du Ärmster«, sagt Alva.

»Darfst es aber niemand verraten«, flüstert der Arzt.

»Versprochen«, sagt Alva.

Dann geht sie wieder zu Mama zurück. Alle lächeln ihr zu. Kaffee und Hefezopf, Kuchen und Saft werden aufgetischt. Alva futtert mit gutem Appetit, obwohl sie schon eine ganze Tafel Schokolade im Bauch hat.

»Wenn ich groß bin, werd ich jemand, der sich um Dichter kümmert«, verkündet sie laut, »dann krieg ich nämlich immer so gute Sachen zu essen wie jetzt.«

Alle lachen. Alva versteht nicht so recht, warum. Und dann nimmt sie noch ein Stück Kuchen. Das schmeckt!

Am Abend hat Alva Bauchweh. Es drückt und rumort und kneift und sticht. Sie liegt im Bett, ihr ist übel, sie weint und fühlt sich ganz, ganz klein.

»Du hast zu viel Schokolade und Kuchen gegessen«, sagt Mama.

Mama sitzt auf der Bettkante, streichelt Alvas Wange und fährt ihr übers Haar. Das tut gut. Das tut sogar so gut, dass das Bauchweh nachlässt. Aber kaum steht Mama auf, um sich zu entfernen, kehren die Schmerzen zurück und Alva muss wieder laut weinen. Schnell bringt Mama ein warmes, leicht angefeuchtetes Handtuch und legt es Alva auf den Bauch. Das tut auch gut.

Aber am allermeisten helfen Mamas Augen, die Alva so liebevoll anschauen und sie bedauern.

»Mama«, sagt Alva.

»Ja, mein Schatz«, sagt Mama.

»Magst du Papa immer noch?«

»Klar tu ich das«, sagt Mama.

»Aber Matilda sagt, alle, die sich scheiden lassen, hassen einander.«

»Manche tun das vielleicht, aber nicht alle«, sagt Mama.

»Und warum habt ihr euch dann scheiden lassen?«, fragt Alva.

»Wir sind auseinander gewachsen«, sagt Mama.

»Auseinander gewachsen?«, sagt Alva. »Wie ging das denn? Wenn man erwachsen ist, wächst man doch nicht mehr?«

»Damit hab ich nicht die Größe gemeint«, erklärt Mama.

»Was hast du dann gemeint?«, fragt Alva.

»Das ist ziemlich kompliziert«, sagt Mama. »Wenn du älter bist, wirst du's verstehen. So, ich glaube, ich färbe mir jetzt mal wieder die Haare, diese olle Farbe ist mir allmählich langweilig. Versuch zu schlafen, dann geht es deinem Bauch bestimmt bald besser.«

Mama streicht Alva noch einmal über die Wange, dann verschwindet sie.

Alva seufzt schwer. Manchmal flieht Mama einfach, flieht vor Alvas Fragen. Das nimmt Alva Mama ein bisschen übel. Mama ist feige. Jedes Mal sagt sie: Das verstehst du, wenn du älter bist, anstatt Alvas Frage zu beantworten. Alva glaubt überhaupt nicht, dass sie alles besser verstehen wird, wenn sie älter ist.

Au, jetzt fängt dieses scheußliche Rumoren im Bauch wieder an! Die Schokolade und der Kuchen scheinen aus Alva herauszuwollen. Alva rollt sich zu einem Ball zusammen und versucht ihren Magen zu überreden, dass er Ruhe geben soll.

Bald darauf ist sie eingeschlafen.

Sie träumt. Mama und Papa sind ein Baum und irgendwie zusammengewachsen. Doch plötzlich teilt sich der Baum in zwei dicke Äste, die in verschiedene Richtungen auseinander streben. Der Papa-Ast fällt ab und verwandelt sich in einen neuen Baum mit zwei Beinen, der davonrennt. Der Mama-Ast bleibt ganz allein stehen und weint.

Alva wacht davon auf, dass eine kleine Hand sie streichelt.

Es ist Oscar. Er ist zu ihr ins Bett gekrochen und hat sich neben sie gelegt.

»Mutt du weinen, Halbalva?«, fragt er und streichelt sie.

»Ich heiße nicht Halbalva«, sagt Alva. »Ich heiße Alva. Und es heißt musst, nicht mutt.«

»Mhm …«, murmelt Oscar und drückt ihr einen Kuss auf die Backe.

Oskar küsst und schmust gern. Und auf Alva herumklettern, das tut er auch gern. Er hat Alva sehr lieb. Er glaubt, dass sie Halbalva heißt, weil Alva ihm einmal erklärt hat, sie sei seine Halbschwester, und seither ist sie für ihn nur die Halbalva.

Oscar guckt sie mit seinen großen blauen Augen an. Dann fängt er an, sie als Klettergerüst zu benützen. Er kriecht auf ihrem Rücken herum. Er zieht sie an den Beinen. Er knabbert an ihren Armen und Händen. Er streichelt sie und umarmt sie und schließlich lässt er sich auf ihrem Rücken nieder, wo er mit seinem dicken Windelpo sitzen bleibt. Alva kann sich das Lachen nicht verkneifen. Er ist trotz allem

ziemlich süß, ihr kleiner Halbbruder. Sie weiß irgendwie nicht so recht, ob sie ihn so lieb haben soll wie einen ganzen Bruder oder ob sie ihn nur zur Hälfte lieb haben soll. Eigentlich hat sie ihn ganz und gar lieb.

»Nein, Oskar, du darfst nicht auf mir rumhopsen«, sagt Alva, als Oskar plötzlich auf ihr rumzuhüpfen beginnt. »Ich hab Bauchweh.«

»Bauch wehtut?«, sagt Oskar und guckt Alvas Bauch an.

Alva nickt. Oskar berührt Alvas Bauch. Ganz vorsichtig fasst er hin. Streichelt. Dann kriegt der Bauch einen Schmatz. Alva seufzt und rollt sich wieder zu einem Ball zusammen. Sie ist so müde.

Oskar ist auch müde.

Aneinander geschmiegt schlafen sie ein.

Am nächsten Tag geht es Alva wieder gut und Mamas Haare sind inzwischen schwarz. Vorher waren sie blond. Und davor rot. Schokobraun sind sie auch schon gewesen. Und sogar lila. Alva kann sich kaum noch daran erinnern, welche Farbe Mamas Haare hatten, bevor sie anfing, sie andauernd zu färben.

Alva sitzt am Frühstückstisch und kaut an einer Scheibe Knäckebrot. »Welche Farbe haben deine Haare eigentlich?«, fragt sie.

»Grau«, sagt Mama und seufzt.

»Grau?«, sagt Alva. »Aber graue Haare, das haben doch bloß alte Leute.«

»Ich bin alt«, sagt Mama. »Bald werde ich vierzig!«

Auf Mamas Stirn tauchen Falten auf. Hässliche, tiefe Falten. Plötzlich sieht Mama tatsächlich alt aus.

»Vierzig, das ist viel«, stimmt Alva zu.

»Und alle nerven mich damit, dass ich eine Riesenparty geben soll!«, sagt Mama ärgerlich.

»Eine Party ist doch was Schönes!«, sagt Alva.

»Nein«, sagt Mama. »Ich finde es kein bisschen schön, dass jeder weiß, wie alt ich bin!«

»Alle werden doch alt«, sagt Alva vorsichtig.

Mama seufzt schwer und rührt mit dem Löffel in der Kaffeetasse herum.

Da kommt Bernd in die Küche. Er hat seinen schwarzseidenen Morgenrock an und seine Füße stecken in roten Seidenpantoffeln. Seine Haare sind total verstrubbelt und seine Augen noch nicht ganz offen.

»Guten Morgen«, sagt Bernd, geht zum Kühlschrank und öffnet ihn.

Mama sagt nicht Guten Morgen. Sie rührt und rührt bloß in ihrer Kaffeetasse und seufzt noch einmal.

»Was ist denn mit dir los?«, erkundigt sich Bernd.

»Nichts!«, faucht Mama.

Bernd macht ein trauriges Gesicht und schweigt. Er füllt eine Schüssel mit Jogurt und schenkt sich Kaffee ein. Dann isst und trinkt er. Mama isst und trinkt. Alva isst und trinkt.

Es ist, als hätte sich ein Gewitter in die Küche geschlichen.

Oskar kommt aus Alvas Zimmer angerannt. Er hat die ganze Nacht neben ihr geschlafen.

»Oskar!«, sagt Mama erstaunt. »Wo hast du denn gesteckt?«

»In Halbalvas Wohnung«, teilt Oskar mit.

»Ich heiße Alva!«, sagt Alva und lächelt Oskar an. Oskar strahlt zurück.

»Alva?«, fragt Oskar.

Alva nickt und lacht laut auf, als Oskar auf sie zugestürzt

kommt, um ihr einen Gutenmorgenkuss zu geben. Mama und Bernd lächeln einander zu, dann schauen sie Alva und Oskar mit einem Lächeln an. Das Gewitter hat sich wieder aus der Küche verzogen.

»Gleich kommt Sanna mit den Kindern«, sagt Bernd und schaut auf die Küchenuhr.

»Ach ja, stimmt«, sagt Mama und dreht sich zu Alva um.

In Alvas Bauch fängt es an zu zwicken. Gleich wird Mama etwas Unerfreuliches sagen, das sieht sie Mamas Augen an.

»Alva«, sagt Mama, »heute bleibst du mit Josefin und Emil hier.«

»Will ich aber nicht«, sagt Alva schnell.

»Aber Schätzchen, das sind doch deine ... äh, deine Geschwister«, sagt Mama.

»Sind sie gar nicht«, sagt Alva und schiebt die Unterlippe vor. »Das sind bloß meine Als-ob-Geschwister. Mit denen will ich nicht hier sein. Ich will bei Thomas sein. Und bei Papa. Und bei dir. Und vielleicht bei Oskar.«

»Oskar?«, sagt Oskar und pflatscht in seinen Brei, dass es nur so spritzt.

»Ja, aber bloß vielleicht«, sagt Alva sauer.

»Na ja, aber jetzt ist es nun mal so«, sagt Mama mit einem Seufzer.

»Und warum darf ich nicht wieder mit ins Krankenhaus?«

»Weil das nicht geht«, erklärt Mama und steht auf. »Gestern bist du einfach davongelaufen, und so was ist in einem

Krankenhaus unmöglich, und darüber diskutiere ich jetzt nicht mehr.«

Mama verzieht sich in die Küche. Alva möchte am liebsten weinen. Bernd liest die Zeitung. Oskar kleckert. Gleich kommt die schreckliche Sanna, Bernds frühere Frau, mit den beiden schrecklichen Als-ob-Geschwistern Emil und Josefin. Würg!

Es läutet an der Tür.

Bernd macht auf. Ein Schwall von Geräuschen schwappt in die Wohnung. Sannas schrille Stimme verkündet, dass sie es eilig hat. Sie muss nämlich irgendwohin verreisen. Und darum muss Bernd sich ein paar Extratage um Emil und Josefin kümmern.

Sonst wohnen die beiden immer nur dann bei Mama und Bernd, wenn Thomas und Alva bei Papa sind.

»Hallo, Alva, hallo, Oskar«, rufen Sanna, Emil und Josefin, als sie in die Küche kommen.

»Hallo«, brummt Alva.

»Hallo, hallo!«, ruft Oskar und lächelt breit mit seinem verschmierten Mund.

Mama kommt in die Küche, fertig angezogen für die Arbeit und mit umgehängter Schultertasche.

»Tag«, sagt Mama leicht säuerlich zu Sanna, Emil und Josefin.

»Tag, Frieda«, antworten sie.

Dann macht Mama sich auf den Weg zur Arbeit. Und

Sanna verschwindet auch. Emil und Josefin verziehen sich in ihre Zimmer. Bernd muss Oskar in den Kindergarten bringen.

»Wenn ihr wollt, dürft ihr euch eine Pizza zum Mittagessen machen«, sagt Bernd zu Alva, bevor er geht.

»Ich mag aber keine Pizza«, sagt Alva.

»Tatsächlich?«, sagt Bernd. »Aber Frieda hat behauptet, Pizza sei dein Lieblingsessen. Na, dann hat sie sich wohl geirrt. Muss jetzt los. Ruf mich oder Frieda an, falls etwas sein sollte.«

»Dann ruf ich Papa an«, sagt Alva.

»Aha«, sagt Bernd und kriegt seine traurigen Augen. »Ja, das ist natürlich auch okay. Tschüs.«

Die Tür geht auf und wieder zu.

Alva ist mit zwei schrecklichen Als-ob-Geschwistern im Haus eingesperrt.

Alva versteckt sich in ihrem Zimmer. Sie ist sauer. Stinksauer. Und hat Durst. Und muss dringend aufs Klo. Und möchte fernsehen. Und in Thomas' Zimmer gehen, um in seinem Drehsessel zu sitzen und seine Comics zu lesen. Aber sie hat nicht vor, ihr Zimmer zu verlassen. Diese Als-ob-Geschwister, die will sie wirklich nicht treffen. Zwei Fremde. Die haben hier nichts verloren. Hätten doch im Haus von dieser Sanna bleiben können. Schließlich sind sie schon groß, die müssten doch alleine zurechtkommen. Stattdessen drängen sie sich hier auf und stören und sind im Weg und zwingen Alva dazu, sich in ihrem Zimmer zu verstecken.

Oh, sie ist ja so wütend! Und sehnt sich so nach Thomas und Papa!

Am besten wäre es, zu Papa abzuhauen. Dann würden Mama und Bernd mal sehen, dass sie es einfach nicht erträgt, mit diesem bescheuerten Emil und dieser bescheuerten Josefin in einem Haus zu wohnen.

Jemand klopft an die Tür. Alva kriecht unters Bett. Die Tür geht auf.

»Alva?«, hört sie Josefins Stimme. »Wir machen jetzt eine Pizza. Kommst du?«

»Mag keine Pizza«, murmelt Alva unterm Bett.

»Warum liegst du unterm Bett?«, fragt Josefin und tritt ins Zimmer.

»Du darfst nicht in meinem Zimmer sein!«, sagt Alva.

Josefin bleibt stehen. Geht zurück. Verlässt das Zimmer. Knallt die Tür zu.

Alva seufzt und presst sich die Hände an die Ohren. Die ist ja so doof, so doof! Josefin ist doof, doof, doof. Aber vielleicht auch ein bisschen nett. Vielleicht ist Alva noch doofer. Jetzt gerade ist sie fies gewesen. Und fies will sie nicht sein. Aber Josefin ist doch doof. Die ist ja gar keine echte Schwester. Und alles, was nicht echt ist, kann Alva nicht leiden. Das tut nämlich so weh.

»Au«, flüstert Alva vor sich hin. »Au, au, au.«

Dann wird es ihr langweilig, bloß dazuliegen und Au zu sagen.

Als sie unterm Bett hervorkriecht, ist sie ganz staubig und muss niesen. Und kriegt langsam Hunger, weil sie sich ja seit mehreren Stunden in ihrem Zimmer versteckt gehalten hat.

Aber sie denkt nicht daran, rauszugehen. Staubig und hungrig wird sie in ihrem Zimmer sitzen bleiben, bis Mama nach Hause kommt. Dann wird Mama schon sehen, wie trostlos dieser ganze Tag für Alva gewesen ist. Und alles bloß, weil Mama ihr nicht erlaubt hat, ins Krankenhaus mitzukommen.

Alva setzt sich an ihren Schreibtisch und fängt an zu zeichnen. Sie zeichnet ein Haus. In dem Haus wohnen Mama und Papa, Thomas und sie selbst. Das Haus ist rot, hat weiße Ecken und einen großen Garten mit Schaukeln, Kletterbäumen, einer Hütte und einer Fahnenstange. Eine Veranda mit Tischen, Stühlen, Saftgläsern und frisch gebackenen Rosinenschnecken gibt es auch. Und einen blauen Himmel mit einer strahlenden, lächelnden Sonne. Eine Freundin für Alva (Matilda natürlich) und einen Freund für Thomas (dieser eine mit den Sommersprossen, der Nils heißt). Mama und Papa halten sich an den Händen. Sie sind wieder ineinander verliebt.

Aber es gibt keinen Oskar.

Keinen süßen kleinen Oskar.

Alva überlegt es sich anders und zeichnet auch Oskar ins Bild.

Aber Bernd darf jedenfalls nicht dabei sein. Und Emil und Josefin und diese Sanna, mit der Bernd früher verheiratet war, auch nicht.

Ihr Magen fängt an zu knurren. Alva legt die Stifte weg und konzentriert sich darauf, keinen Hunger zu haben. Das klappt nicht. Ihr Magen knurrt nur immer lauter.

Und jetzt zieht auch noch Pizzaduft durchs Zimmer!

Es riecht nach dieser ekligen Pizza von Emil und Josefin.

Mmm, eine Pizza, das würde jetzt schmecken!

Knurreliknurr, sagt der Magen. Knorreliknorr.

Wieder klopft jemand an die Tür. Diesmal ist es Emil.

»Hallo«, sagt er und streckt den Kopf herein, obwohl Alva ihm nicht erlaubt hat, die Tür aufzumachen.

»Was ist?«, fragt Alva.

»Möcht bloß wissen, ob du Pizza willst?«

»Nein, ich bin im Hungerstreik«, erklärt Alva.

»Du bist im Hungerstreik?«, sagt Emil. »Warum denn?«

»Weil …«, sagt Alva. »Weil ich mit Leuten, die nicht echt sind, keine Pizza essen will.«

»Was?«, sagt Emil und guckt sie fragend an. »Was soll das heißen – Leute, die nicht echt sind? Meinst du mich und Josefin?«

Alva nickt. Und bricht in Tränen aus. Das hatte sie gar nicht vorgehabt, kann es aber irgendwie nicht verhindern.

»Ich will, dass Thomas hier ist«, schluchzt sie, »aber der ist zu Papa abgehauen, und ich will auch zu Papa abhauen, und Mama hat nicht erlaubt, dass ich mit ins Krankenhaus komme, weil sie es nicht mag, dass ich mit Dichtern und solchen Leuten rede … und dich und Josefin kenne ich ja gar nicht, weil ihr bloß als ob seid, und ich will keine Als-ob-Geschwister haben, sondern echte, und …«

Alva weint und weint und weint.

Ihr Zimmer verwandelt sich in einen großen See.

In diesem See kommt Emil auf sie zugeschwommen. Schließlich ist er angelangt. Und da nimmt er sie in seine Als-ob-Arme.

»Wir könnten doch einfach so tun, als ob wir echte Geschwister wären«, schlägt er vor.

»Und warum?«, fragt Alva.

»Weil du dann vielleicht mit mir und Josefin Pizza essen willst«, sagt Emil.

»Und was ist alles auf der Pizza drauf?«

»Alles, was du gern magst«, sagt Emil.

»Du weißt ja gar nicht, was ich mag!«

»Weiß ich doch!«, sagt Emil. »Komm jetzt.«

Alva überlegt noch eine Weile. Aber inzwischen hat sie einen solchen Hunger, dass sie einfach etwas essen muss.

»Von mir aus«, sagt sie mit einem kleinen Seufzer.

Alva und Emil gehen ins Wohnzimmer. Im Fernsehen läuft ein Zeichentrickfilm. Josefin sitzt auf dem Sofa und hüpft vor Lachen. Sie sieht sehr komisch aus, wenn sie lacht, ungefähr wie ein Fisch, der zappelnd auf dem Trockenen liegt.

»Hi hi hi«, lacht Josefin. »Ha ha ho ho hi! Höpp höpp happ. Iiih! Aaah!«

Und dann kriegt sie einen Schluckauf und zappelt weiter.

Alva lässt sich vorsichtig aufs andere Ende des Sofas nieder. Auf dem Tisch vor dem Sofa steht eine große fantastische Pizza. Total knusprig und mit Tomaten, Schinken, Champignons und Käse belegt. Keine Oliven. Oliven mag Alva nicht. Und keine Ananas. Alva kann Ananas nicht ausstehen.

»Hallo, hicks, Alva«, sagt Josefin. »Hast du, hicks, Hunger?«

»Ein bisschen«, sagt Alva.

»Ich, hicks, auch.«

»Du hast ja einen Schluckauf«, sagt Alva.

»Ich, hicks, weiß.«

»Alva macht einen Hungerstreik«, erklärt Emil und schneidet sich ein großes Stück Pizza ab.

»Warum, hicks, das denn?«, fragt Josefin und sieht Alva an.

»Weil wir nicht echt sind«, sagt Emil und schaltet ein anderes Programm ein.

Da läuft eine Musiksendung. Ein schwarzer junger Mann und eine weiße junge Frau stehen auf einer Bühne und meinen wohl, sie wären Schlangen, weil sie so ineinander verschlungen sind. Halb nackt sind sie auch noch. Und verschwitzt. Und dann singen sie sich gegenseitig direkt ins Gesicht. Eklig findet Alva das. Falls einer von ihnen vergessen hat, sich die Zähne zu putzen, dann muss das ja fürchterlich stinken oder wenn sie sich aus Versehen anspucken!

»Nein, das da will ich, hick, nicht sehen!«, protestiert Josefin. »Und was soll das heißen, wir sind nicht echt? Wir sind doch hier, ganz wirklich, das siehst du doch?«

Josefin sieht Alva verwundert an.

Alva zuckt die Schultern.

Da reißt Josefin Emil die Fernbedienung aus der Hand und schaltet zu dem Trickfilm zurück. Emil holt sich die Fernbedienung wieder und wechselt zur Musiksendung.

Plötzlich geht ein wilder Kampf los.

Emil und Josefin knurren und kratzen und schreien und zerren sich an den Haaren und hämmern mit den Fäusten aufeinander ein. Emil gewinnt natürlich, weil er größer und stärker ist. Josefin wird superwütend. Emil grinst spöttisch und lässt die Musik mit voller Lautstärke losröhren. Josefin schneidet ein Riesenstück Pizza ab, stopft es sich in den

Mund, schluckt es blitzschnell, nimmt noch ein großes Stück und verschlingt es ebenfalls.

»Spinnst du?«, brüllt Emil. »Ich und Alva wollen doch auch noch was!«

»Fu fpät«, nuschelt Josefin und prustet plötzlich los.

Sie lacht so sehr, dass ihr etwas aus dem Mund fliegt und auf Emils Schoß landet.

»Idiot!«, schreit Emil.

»Felber Fuld!«, schreit Josefin zurück.

Josefin hat den Mund immer noch voller Pizza. Alva muss über Emil und Josefin lachen. Sie sehen aus wie zwei wütende Katzen, die sich im Matsch gewälzt haben. Beiden stehen die Haare wild vom Kopf ab. Und sie sind über und über mit Pizza verschmiert. Jetzt packt Emil den Saftkrug und kippt den Saft über Josefin aus. Josefin heult auf, dann klatscht sie die restliche Pizza auf Emil. Emil rast in die Küche, Josefin hinterher. Und Alva auch. Emil reißt den Kühlschrank auf und holt den Eierkarton heraus. Bevor Josefin sich ducken kann, hat er ihr ein Ei mitten auf den Bauch gepfeffert. Josefin öffnet den Schrank und schnappt sich eine Mehltüte. Es staubt tüchtig, als sie Emil eine Mehlbombe verpasst. Emil rächt sich, indem er sie mit Milch voll spritzt. Alva kriegt auch etwas ab. Sie schreit auf und wirft als Rache ein Ei nach Emil. Er schmeißt eine Tomate nach ihr. Der Krieg ist in vollem Gang. Alle schmeißen alles auf alle.

Anfangs ist es ein wutentbrannter Krieg, aus dem aber bald

ein lachender Kampf wird. Alva lacht und schmeißt und kleckert und spritzt. Emil und Josefin toben noch wilder. Der Fußboden ist bedeckt von Speiseresten, in denen sie herumschlittern und Rutschbahn fahren. Sie spielen Schiff, prallen aufeinander, kugeln sich in Ketschup und Senf.

Schließlich können sie nicht mehr.

Die Küche ist ein einziges klebriges Chaos.

Alva trieft von Ketschup, Senf, Milch, Eiern, Mehl, Zucker und Tomaten. Josefin und Thomas sehen ungefähr genauso klebrig aus.

Mit großen Augen starren sie sich an.

»Da wird Mama sich bestimmt nicht freuen«, sagt Alva.

»Papa auch nicht«, sagt Emil.

»Wir müssen schnell sauber machen«, erklärt Josefin.

Die Putzsachen werden hervorgeholt. Der Staubsauger brummt los. Alles Klebrige wird aufgewischt und weggeworfen. Die Pizzastücke, die im ganzen Wohnzimmer verstreut liegen, verschwinden. Ein verschmiertes Fenster wird sauber geputzt. Eine Tischdecke und ein paar Kissen landen in der Waschmaschine. Emil zeigt Alva, wie man die Maschine bedient.

»Mama weigert sich, meine Fußballklamotten zu waschen«, erklärt Emil, »also hab ich es mir selbst beigebracht.«

»Warum willst du Fußballprofi werden?«, fragt Alva.

»Weil man viel in der Welt herumreist und einen Haufen Kohle verdient und weil es Spaß macht«, erklärt Emil.

»Ich werd später mal Häuser bauen«, teilt Alva mit.

»Und warum?«, fragt Emil und drückt auf den Startknopf der Waschmaschine.

»Weil ich …«, sagt Alva, »weil ich ein Haus bauen will, für Mama und Papa und …«

Sie verstummt. Natürlich weiß sie, dass daraus nie etwas werden kann. Das weiß sie. Aber sie will es nicht wissen. Sie will, dass es sich ändern kann. Aber es wird sich nicht ändern. Oder?

»Deine Mama ist in meinen Papa verliebt«, sagt Emil. »Ich glaub, sie will hier bei ihm bleiben.«

»Weiß ich«, sagt Alva mit einem schweren Seufzer.

Emil fährt Alva durchs Haar. Und dann begeben sie sich wieder in die Küche, wo Josefin gerade die letzte Eierschale in die Mülltüte geworfen hat.

Alles sieht wieder sauber und ordentlich aus. Bis auf sie selber. Also duschen sie schnell, waschen sich die Haare, werfen die klebrigen Kleider in die Waschmaschine und ziehen saubere Sachen an.

Als das erledigt ist, gehen sie wieder in die Küche zurück, um ein letztes Mal zu kontrollieren, dass kein Schmierkram zurückgeblieben ist.

Im selben Augenblick hören sie, wie ein Schlüssel ins Haustürschloss gesteckt wird.

»Hallo!«, lässt sich Bernds Stimme vernehmen.

Emil, Josefin und Alva werfen sich nervöse Blicke zu.

»Hallo!«, rufen sie dann im Chor.

Bernd kommt in die Küche, Oskar folgt ihm auf den Fersen.

»Hier riecht's irgendwie komisch«, stellt Bernd fest und schnuppert.

»Wir haben uns eine Pizza gemacht«, sagt Alva.

»Aha?«, sagt Bernd. »Wie Pizza riecht das aber nicht. Es riecht anders, ich weiß aber nicht, wonach …«

»Was anderes haben wir uns aber nicht gemacht«, sagt Emil.

»Überhaupt nichts anderes«, versichert Josefin.

»Stimmt genau«, bestätigt Alva.

Bernd sieht sie fragend an. Seine Nase zuckt irgendwie. Oskar lächelt begeistert und stürzt auf Alva, Josefin und Emil zu.

»Hallo, Bruderherz«, sagt Emil und hebt Oskar hoch.

Oskar umarmt Emil. Josefin will auch umarmt werden. Das wird sie. Alva will auch umarmt werden. Und das wird sie.

»Ihr scheint euch ja plötzlich prächtig zu verstehen«, sagt Bernd und geht zum Kühlschrank.

»Hab einen Mordskohldampf«, sagt er. »Vielleicht sollte ich mir ein Omelett machen.«

Er öffnet den Kühlschrank. Schnuppert kurz.

»Wo ist der Eierkarton?«, fragt er.

»Äh, wir …«, sagt Emil.

»Wir haben uns auch ein Omelett gemacht«, erklärt Josefin rasch.

»Habt ihr sowohl Omelett als auch Pizza gegessen?«, fragt Bernd.

»Wir hatten Hunger«, sagt Alva.

»Aber in dem Karton waren doch noch mindestens zehn Eier«, sagt Bernd. »So viele Eier braucht kein Mensch für ein Omelett.«

»Wir haben uns mehrere Omeletts gemacht«, behauptet Emil.

»Und wo ist das Preiselbeerkompott?«, fragt Bernd mit inzwischen deutlich ärgerlicher Stimme. »Und das Ketschup und der Senf und die Milch?«

»Wir …«, beginnt Josefin.

»Wir haben alles an die Kinder in Afrika geschickt«, erklärt Alva.

Josefin und Emil schauen Alva verblüfft an.

»Kinger in Arfika?«, fragt Oskar.

»An die Kinder in Afrika!«, sagt Bernd.

»Ja«, sagt Alva. »Die haben auch Hunger. Jedenfalls ein paar von ihnen.«

»Aber die essen doch keinen Ketschup!«, sagt Bernd.

»Doch, die essen unheimlich viel Ketschup!«

Bernd bleibt lange schweigend stehen und starrt alle drei an. Er schließt den Kühlschrank mit einem Knall. Dann lässt er sich auf einen der Küchenstühle sinken.

»Also gut«, sagt er. »Ihr habt den Kindern in Afrika Essen geschickt. Lieb von euch. Hoffentlich freuen sie sich darüber.«

»Warum sollten sie sich nicht freuen?«, fragt Josefin.

»Weil sie vielleicht eine andere Art Hilfe von uns brauchen als Ketschup.«

Alva, Josefin, Emil und Oskar setzen sich auch an den Tisch. Oskar klettert von einem Schoß auf den andern. Bernd redet und redet. Über Afrika. Über reiche und arme Menschen auf der Welt. Über Ungerechtigkeiten. Und darüber, wie Ungerechtigkeit sich in Gerechtigkeit verwandeln kann. Manchmal sieht er dabei traurig aus, manchmal zornig und dann wieder froh.

Alva hört Bernd richtig gern zu. Fast so gern wie Papa.

»So«, sagt Bernd, als er schließlich mit dem Reden aufhört. »Wie wär's, wenn wir uns jetzt was zu essen kochen? Was haltet ihr von einem Gericht, das weder Senf, Ketchup, Eier, Preiselbeeren, Milch, Mehl, Zucker noch Tomaten enthält?«

Da müssen Alva, Emil und Josefin losprusten. Oskar wird davon angesteckt und lacht mit. Sogar Bernd fängt an zu lachen.

Plötzlich steht Mama in der Küche und mustert sie erstaunt.

Es wird mucksmäuschenstill.

»Was ist denn hier los?«, sagt Mama. »Und was riecht so komisch? Ich hab Hunger. Kochen wir uns was zu essen?«

Alvas Herz hüpft vor Freude, als es an der Haustür klingelt. Sie rennt hin und macht auf. Draußen stehen Papa und Thomas. Alva wirft sich Papa in die Arme. Papa drückt sie so fest an sich, dass es fast wehtut, doch das macht nichts. Es ist einfach zu schön, wieder in Papas Nähe zu sein.

Thomas wird nicht umarmt. In letzter Zeit lässt Thomas sich fast nie umarmen. Diese Umarmerei, das ist bloß was für kleine Kinder, Mütter und Väter, findet er. Aber Alva weiß, dass Thomas mitunter sehr klein sein kann, und dann hat er gar nichts dagegen, gestreichelt und getröstet zu werden.

»Ist Frieda da?«, fragt Papa.

Alva nickt, dreht sich um und will nach Mama rufen. Aber Mama steht bereits hinter ihr.

»Aha, diese Woche sind also schwarze Haare angesagt?«, bemerkt Papa, als er Mama sieht.

Mama nickt und schaut Thomas an. Thomas starrt auf den Boden. Papa sieht Mama mit diesem leicht traurigen Blick an. Vielleicht fehlt sie ihm. Obwohl er immer behauptet, was passiert ist, sei so am besten.

»Ich würde mich gerne kurz mit dir unterhalten«, sagt Mama.

Papa nickt und kommt herein. Alva und Thomas bleiben draußen stehen.

»Sind Bernds Kinder hier?«, fragt Thomas.

Alva nickt.

»Hat Emil etwa an meiner E-Gitarre rumgefummelt?«, fragt Thomas.

Alva schüttelt den Kopf.

»Wir haben Pizza gemacht«, erzählt sie. »Die hat echt gut geschmeckt. Obwohl – das meiste ist nicht im Bauch gelandet.«

»Aha«, sagt Thomas uninteressiert. »Und Oskar, hat der wieder dauernd rumgeschrien?«

»Nicht besonders viel«, sagt Alva.

»Und diese Sanna? Ist die hier gewesen?«

»Bloß als sie Emil und Josefin gebracht hat.«

Thomas nickt und seufzt.

»Ich hab echt die Nase voll«, sagt er.

»Wovon denn?«

»Von allem!«, sagt Thomas mit erschöpfter, zorniger Stimme. »Erst hierher ziehen und dann zu Papa ziehen und dann wimmelt es überall von anderen Kindern, von Halbgeschwistern, neuen Geschwistern und echten Geschwistern und dann gibt's da einen neuen Papa und garantiert wird Papa sich demnächst eine neue Mama für uns zulegen, und es würde mich nicht wundern, wenn die einen Haufen Kinder mitbringt und … also, ich schaff das einfach nicht mehr!«

Alva umarmt Thomas' Bauch und presst ihr Ohr an seinen Brustkorb. Sie hört, dass es dadrin irgendwie rumpelt.

»Traurig?«, fragt sic.

»Mhm«, flüstert Thomas. »Darfst du aber keinem verraten!«

»Ist Traurigsein was Peinliches?«, fragt Alva.

»Ja«, antwortet Thomas, »ich meine, nein. Wenn du traurig bist, dann ist das nicht peinlich, aber ich darf doch nicht ... also, ich meine, ich bin ja ein Junge und ... Mensch, ich weiß nicht! Lass mich jetzt los.«

Alva lässt Thomas los. Er wischt sich die Tränen mit dem Pulliärmel ab, läuft auf den Rasen hinaus und fängt an, einen Baumstamm mit Fußtritten zu traktieren. Alva läuft hinterher und leistet ihm Gesellschaft, indem sie auch gegen den Baum tritt.

»Aber vielleicht tut das dem Baum ja weh?«, sagt sie plötzlich und hört damit auf.

»Tut es nicht, ist doch logo«, sagt Thomas. »Bäume haben keine Gefühle.«

»Woher weißt du das?«

»Weil ich es eben weiß!«, fährt Thomas sie an.

Alva sagt nichts mehr. Aber immerhin hört Thomas jetzt auch auf. Sie setzen sich unter den Baum und warten darauf, dass Mama und Papa ihre Unterhaltung beenden.

»Die reden garantiert über mich«, sagt Thomas.

»Warum?«, fragt Alva.

»Weil es mir stinkt, immer wieder umziehen zu müssen«, erklärt Thomas.

»Das musst du aber«, sagt Alva.

»Warum muss ich das?«, faucht Thomas. »Warum können die nicht einfach zu uns ziehen? Eigentlich müsste es doch so sein, dass alle Kinder mit geschiedenen Eltern eine eigene Wohnung oder ein Haus kriegen, und dann müsste die Mutter jeweils eine Woche bei den Kindern wohnen und der Vater auch je eine Woche. Das wär doch viel besser, oder?«

»Ja«, stimmt Alva zu.

»Ich finde, wir sollten streiken«, sagt Thomas. »Einen Umzugsstreik machen.«

»Ich hab gestern gestreikt«, berichtet Alva. »Aber das war ein Hungerstreik. Und als Emil und Josefin mit einer Pizza ankamen, hab ich mit dem Streik aufgehört.«

»Nie im Leben würd ich eine Pizza essen, die Emil und Josefin gemacht haben«, sagt Thomas.

»Warum denn nicht?«

»Weil sie Bernds Kinder sind«, sagt Thomas, »und Bernd hat Papa und uns Mama weggenommen, und darum hasse ich ihn.«

»Aber Mama und Bernd haben sich doch erst kennen gelernt, als Mama und Papa schon getrennt waren«, wendet Alva ein.

»Ist mir doch schnuppe«, sagt Thomas.

»Aber …«, sagt Alva.

»Alva!«, ertönt da Papas Stimme. »Thomas! Kommt jetzt, wir fahren nach Hause!«

»Nach Hause«, murmelt Thomas. »Ich hab kein Zuhause.«

Alva hüpft hoch. Thomas bleibt sitzen. Alva läuft zu Papa hinüber. Thomas rührt sich nicht vom Fleck.

»Thomas, kommst du jetzt?«, ruft Papa.

»Er macht einen Umzugsstreik«, erklärt Alva.

»Jetzt hab ich aber allmählich die Nase voll davon!«, sagt Papa.

»Ich auch«, sagt Alva. »Dann müssen wir sie uns eben putzen.«

»Wen?«

»Die Nase«, erklärt Alva. »Weil, wenn ich die Nase voll hab und Thomas auch und du auch und Mama vielleicht auch, dann müssen wir sie uns doch putzen, oder?«

»Wär schön, wenn es so einfach wäre«, sagt Papa und streicht Alva übers Haar. »Ich werd mit ihm reden«, fügt er dann hinzu. »Hol schon mal deine Tasche und sag allen Tschüs.«

Alva nickt und geht ins Haus.

Als Erstes holt sie ihre Tasche. Dann geht sie zu Oskar, der in seinem Bett liegt und schläft. Sie streichelt seine Wange und denkt: Jetzt ist er ganz. Ein ganzer Bruder. Obwohl er mein Halbbruder ist. Ich hab ihn lieb. Immer mehr.

»Tschüs, mein ganzer Halbbruder«, flüstert sie in Oskars weiches kleines Ohr.

Oskar bewegt sich kurz, wacht aber nicht auf.

Dann verabschiedet Alva sich von Emil, der in seinem Zimmer am Computer sitzt und ein Spiel spielt.

»Nächstes Mal backen wir wieder eine Pizza, ja?«, sagt Emil.

Alva nickt. Und dann begibt sie sich zu Josefin, die in ihrem Zimmer auf dem Bett liegt und liest.

»Ich hab's mir anders überlegt«, sagt Josefin, als Alva hereinkommt. »Wenn ich groß bin, werd ich Schriftstellerin. Dann schreib ich Bücher, die mindestens so gut sind wie die, die ich jetzt lese.«

»Ich werd später mal Häuser bauen«, sagt Alva.

»Gut«, sagt Josefin. »Dann kannst du mir ein Spukhaus bauen. Alle Schriftsteller müssen nämlich in Spukhäusern wohnen, sonst fallen ihnen keine magischen Geschichten ein.«

»Soll das Haus dann auch Geheimgänge und knarrende Dachböden haben?«, erkundigt sich Alva.

»Na klar doch«, sagt Josefin. »Also, bis dann!«

»Bis dann«, sagt Alva und schließt die Tür zu Josefins Zimmer.

Dann geht sie zu Bernd. Bernd sitzt in seinem Arbeitszimmer sitzt und liest eine Zeitung, die »Finanzwelt« heißt und sicher todlangweilig ist.

»Warum liest du so immer so langweilige Zeitungen?«, fragt Alva.

»Was?«, fragt Bernd, der nicht gehört hat, dass Alva ins Zimmer gekommen ist.

»War …«, fängt Alva an.

»Das hier ist kein bisschen langweilig«, erklärt Bernd. »Dies ist eine Zeitung, in der steht, wie man in der Finanzwelt gute Geschäfte macht.«

»Wo liegt denn die Finanzwelt?«, fragt Alva.

»Also, die liegt …«, sagt Bernd.

»Auf einem anderen Planeten?«, fragt Alva.

»Mh, nein, nicht direkt«, sagt Bernd. »Die liegt sozusagen hier oben.«

Er zeigt auf seinen Kopf.

»Und hier natürlich«, fügt er hinzu und zieht seine Brieftasche heraus.

Bernds Brieftasche ist schwarz. Und dick. Aber er hat fast keine Scheine und Münzen darin, sondern nur eine Menge Karten für dies und das. Und Quittungen, die er absetzen kann. Absetzen, das ist so was wie abziehen.

Das mit den Quittungen, die man abziehen kann, versteht Alva nicht so recht, aber sie weiß inzwischen, dass fast alle Leute das tun, die schwarze, dicke Brieftaschen mit lauter Karten darin haben. Abziehen also. Weil man eine Menge Geld damit verdienen kann, wenn man abzieht.

Alva überlegt, was man bei diesen Quittungen wohl abziehen kann.

Vielleicht die schwarzen Zahlen, die darauf stehen.

Oder womöglich wird das Papier selbst abgezogen.

Das wäre dann eine Art Altpapiersammlung.

»Ich fahr jetzt zu Papa«, teilt Alva mit.

»Schon?«, sagt Bernd. »Du bist doch gerade erst gekommen.«

»Ich bin immer gerade erst gekommen«, sagt Alva.

»Ja, das bist du wohl«, sagt Bernd.

»Die Pizza hat geschmeckt«, sagt Alva.

»Na prima«, sagt Bernd.

Beide schweigen eine Weile. Bernd hat die Zeitung aus der Hand gelegt. Alva weiß nicht so recht, ob sie ihn gern hat oder nicht.

»Thomas sagt, du hast uns Mama weggenommen«, bemerkt sie schließlich.

»So, sagt er das?« Bernd seufzt.

»Ja, aber ich weiß nicht, ob das stimmt.«

»Ich auch nicht«, sagt Bernd. »Das mit der Liebe ist eine schwierige Sache. Und das Zusammenleben mit anderen auch.«

»Warum ist das schwierig?«

»Weil so viel schief gehen kann dabei«, sagt Bernd.

»Warum geht es denn schief?«

»Wenn ich das wüsste, würde ich den Nobelpreis für Beziehungskisten kriegen«, sagt Bernd.

»Was bedeutet das – Beziehungskisten?«, fragt Alva.

Bernd runzelt die Stirn und überlegt eine Weile.

»Es geht darum, wie man es schafft, mit anderen Menschen zusammenzuleben«, sagt er schließlich. »Manchmal sind das Menschen, die man liebt, manchmal nicht. Aber ich denke eigentlich vor allem an Beziehungen zu Menschen, die man liebt …«

»Liebst du viele Menschen?«, erkundigt sich Alva.

Bernd nickt und lächelt. Alva tritt vorsichtig zu ihm hin und umarmt ihn ganz kurz. Bisher hat sie ihn erst ein einziges Mal umarmt, und das nur, weil Mama gesagt hatte, dass sie es tun soll.

»In einer Woche sehen wir uns wieder«, sagt Bernd.

»In einer Woche geh ich schon in die dritte Klasse«, sagt Alva.

Dann verlässt sie Bernds Zimmer und geht zu Mama und Papa, die im Flur stehen und sich unterhalten. Thomas ist nirgends zu sehen. Mama hat eine Falte auf der Stirn. Papa auch.

»Also dann, bis bald, mein Schatz«, sagt Mama und gibt Alva einen Kuss. »Hoffentlich macht es Spaß, wieder in die Schule zu gehen.«

Alva nickt und sieht zu, wie Mama und Papa sich rasch umarmen. Alva nimmt Papas Hand und geht mit ihm zu dem klapprigen kleinen Auto, wo Thomas schon mit saurer Miene auf sie wartet.

»Du hättest deine Mutter wenigstens begrüßen können«, sagt Papa zu Thomas, nachdem sie eine Weile gefahren sind.

»Hab keine Lust gehabt«, brummt Thomas.

»Ja, ja«, sagt Papa, »aber manchmal muss man sich eben ein klein wenig Mühe geben.«

Thomas schweigt. Und guckt sauer.

Papa schweigt. Und seufzt. Und fährt.

Alva schweigt. Und hat Bauchweh. Und sehnt sich nach Mama.

Ich möchte Kalle Karlsson sprechen!«, sagt eine erboste Frauenstimme, als Alva sich am Telefon meldet.

Alva legt den Hörer hin und ruft nach Papa, der gleich kommt und den Hörer nimmt.

»Ja, hallo«, sagt Papa.

Dann sagt er lange Zeit nichts. Und wird ganz rot im Gesicht. Ehrlich gesagt knallrot.

»Das versteh ich nicht«, murmelt er. »Meinen Sie …? Sind Sie es wirklich? Ich bitte tausendmal um Entschuldigung, ich habe keine Ahnung, wer das … Ja. Nein. Mhm. Verstehe. Das muss sehr anstrengend für Sie sein. Ja, das ist wirklich schrecklich. Aber bitte weinen Sie doch nicht. Ja. Nein.«

Papa sieht Alva und Thomas an, die dasitzen, ihn beobachten und aufmerksam zuhören. Aber Papa will sich in Ruhe mit der Frau am Telefon unterhalten. Also verzieht er sich mit dem Telefon in die winzig kleine Küche und schließt die Tür hinter sich. Alva und Thomas werfen sich erstaunte Blicke zu. Dann schleichen beide an die Küchentür und pressen ihre Ohren ans Holz.

Aber Papa spricht ganz leise. Nichts als Geflüster ist zu hören.

»Wer war das?«, fragt Thomas.

»Eine Frau, die wütend war«, sagt Alva.

»Hoffentlich ist das nicht Ninas Mutter«, murmelt Thomas.

»Wer ist Nina?«, fragt Alva.

»Niemand, vergiss es!« Thomas hat auch einen ganz roten Kopf bekommen.

»Ist das deine Freundin?«

Thomas schüttelt den Kopf, lächelt aber dabei. Sein ganzes Gesicht sieht irgendwie glücklich aus.

»Warum glaubst du, dass Ninas Mutter anruft und auf Papa wütend ist?«, fragt Alva.

»Weil Ninas Mutter nicht will, dass Nina nachts draußen unterwegs ist«, sagt Thomas.

Im selben Augenblick geht die Küchentür auf und Papa kommt heraus. Sein Gesicht sieht ebenfalls glücklich aus.

»Das war Malin!«, sagt Papa. »Stellt euch vor, das war Malin, die da angerufen hat!«

»Die mit dem Wetter?«, fragt Thomas.

Papa nickt. Alva wird es ganz heiß und zittrig. Sie starrt auf ihre Hände. Hoffentlich merkt Papa nicht, dass sie komisch aussieht.

»Warum hat sie dich angerufen?«, will Thomas wissen.

»Ja, das Ganze ist äußerst eigenartig«, sagt Papa mit froher Stimme. »Sie hat einen Brief erhalten und behauptet, der sei von mir. Ich hab ihr aber keinen Brief geschrieben. Offenbar gibt es viele Männer, die ihr schreiben. Sie ist sehr empört. Sie sagt, ihr gehen diese Idioten auf die Nerven, die sich einbilden, sie wolle sie heiraten, und über die vielen Rechtschreibfehler in dem Brief hat sie sich auch aufgeregt. Das muss irgendein Kind gewesen sein, das …«

Papa verstummt. Und sieht Alva an, die ihre Hände anstarrt.

»Alva?«, sagt Papa.

»Das war nicht ich«, sagt Alva mit tränenerstickter Stimme. »Das war Matildas Idee, ich wollte das nicht, weil … weil … weil ich es kindisch fand. Entschuldige, Papa, es tut mir so Leid …!«

Alva heult los. Sie ist erschrocken und traurig. Vielleicht hasst diese Malin vom Fernsehen Papa jetzt. Und dabei ist Papa doch in Malin vom Fernsehen verliebt. Der arme Papa! Oh, Alva möchte am liebsten verschwinden! Möchte sich in ein Steinchen verwandeln, das davonkullert und nie mehr zurückkommt. Oder in ein Staubkörnchen, das durch den Fensterspalt nach draußen davonschwebt. Oder in ein …

»Aber Schätzchen«, sagt Papa, »du brauchst doch nicht traurig zu sein. Ich freu mich doch! Sie will mich treffen!«

Alva linst zu Papa hinauf. Papa linst zu Alva herunter. Seine Augen funkeln.

Alva und Matilda gehen nebeneinander durch die Stadt. Sie sind zur Schule unterwegs. Heute kommen sie in die dritte Klasse. Jede von ihnen hat einen neuen Schulrucksack, Alva einen blauen, Matilda einen roten. Alva hat Papier dabei, mit dem sie ihre Bank auslegen und ein paar von den Büchern einbinden wird. Das Papier ist hellgrün mit kleinen blauen Blümchen darauf. Wie eine Wiese.

»Fernseh-Malin hat gestern bei uns angerufen«, berichtet Alva.

»Was?«, sagt Matilda. »Ist das wahr? Was hat sie gesagt?«

»Erst hat sie Papa beschimpft«, sagt Alva, »aber dann scheint sie sich doch gefreut zu haben, sie hat sich nämlich ewig lang mit Papa unterhalten, und jetzt wollen sie sich treffen.«

»Mann, ist ja total cool!«, sagt Matilda. »Ich möcht auch so einen Papa haben wie du! Mein Papa ist so was von langweilig, der trifft immer bloß meine Mama, da passiert nie was Spannendes!«

»Mir wär's aber lieber, wenn Papa bloß Mama treffen würde«, sagt Alva.

»Obwohl – meine Mama wird jetzt dick«, sagt Matilda, die

Alva nicht zugehört hat, »und das ist ja auch irgendwie spannend.«

»Dick?«, sagt Alva. »Warum das denn?«

»Weil sie ein Baby erwartet, kapierst du das etwa nicht?«, sagt Matilda.

»Nein, tu ich nicht«, sagt Alva, die Matilda jetzt ein bisschen doof findet.

»Wenn das Baby rausgekommen ist, darf ich mit ihm spielen«, sagt Matilda. »Babys sind einfach süß. Wenn ich groß bin, will ich eine Menge Babys haben.«

»Ich nicht«, sagt Alva. »Babys, die schreien immer bloß und verkleckern alles, und deine Mama wird keine Zeit mehr für dich haben, weil sie sich nur noch um das Baby kümmert.«

»Das wird sie gar nicht, weil nämlich mein Papa sich um das Baby kümmern wird!«, sagt Matilda.

»Ja, aber stillen kann er das Baby doch nicht«, wendet Alva ein.

»Nein, ich meine ja später«, sagt Matilda. »Wenn das Baby größer ist.«

Alva zuckt die Schultern. Sie hat keine Lust mehr, mit Matilda zu reden, weil Matilda heute so doof ist.

»Als ich auf die Welt kam, hab ich bloß 2,5 Kilo gewogen«, sagt Matilda. »Ich musste im Brutkasten liegen.«

»Was ist das?«

»Das ist so eine Art Glasdose«, sagt Matilda.

»Hast du in einer Glasdose gelegen?«, fragt Alva.

»Ja«, sagt Matilda. »Das war voll spannend.«

»Daran kannst du dich doch gar nicht erinnern«, sagt Alva. »Man weiß doch hinterher gar nicht mehr, wie das ist, so winzig zu sein.«

»Aber ich erinnere mich«, sagt Matilda.

»Jetzt lügst du!«, sagt Alva.

»Das tust du auch«, sagt Matilda, »ich glaub nämlich überhaupt nicht, dass diese Fernseh-Malin angerufen hat! Warum sollte die deinen Papa anrufen, wo der doch so arm ist?«

Matilda ist zornig. Sie hat einen roten Kopf und hüpft auf der Stelle auf und ab. Das tut Alva auch. Sie ist mindestens genauso zornig wie Matilda. Am liebsten würde sie herausschreien, wie doof sie Matilda findet. Aber sie bringt die Worte nicht heraus, weil sie wie ein großer stachliger Wortklumpen auf der Zunge kleben bleiben.

Anstatt etwas zu sagen, rennt Alva davon. Lässt Matilda stehen und rennt, bis sie bei der Schule angelangt ist. Dort hält sie an, ganz außer Atem. Dann überquert sie den Schulhof zum Schulgebäude, läuft durch die langen Flure bis hin zur Tür Nummer drei.

Ein paar Klassenkameraden stehen schon dort vor der Tür und warten. Alva wirft ihnen finstere Blicke zu. Will nicht mit ihnen reden. Will mit überhaupt niemand reden. Hat wieder Bauchweh. Diese super-superdoofe Matilda!

Kurz darauf kommt Matilda durch den Flur und bleibt in

einiger Entfernung von Alva stehen. Beide schielen immer wieder zueinander hinüber. Und schweigen.

Immer mehr Klassenkameraden tauchen auf. Im Flur wird es lauter. Die meisten reden und lachen. Ein paar rennen durch die Gegend. Einige streiten sich wie üblich. Andere flüstern miteinander.

Sonst haben Alva und Matilda auch immer miteinander geflüstert. Jetzt werfen sie sich bloß verstohlene Blicke zu. Und schweigen. Und sehnen sich. Alva jedenfalls sehnt sich. Jedenfalls ein bisschen. Sie sehnt sich danach, wieder mit Matilda flüstern zu können. Aber Alva wird nie mehr mit Matilda flüstern, weil Matilda so was Hässliches über Papa gesagt hat.

»Tut mir Leid.« Das ist doch Matildas Stimme!

Alva schielt zu Matilda hinüber. Matilda schielt zu Alva herüber.

»Papa wird die Fernseh-Malin doch treffen, dass du's nur weißt«, sagt Alva. »Und arm ist er schon gar nicht. Bloß ein bisschen. Später, wenn er Professor ist, wird er genauso reich sein wie deine Eltern und dann wohnen wir in einer genauso großen Wohnung wie ihr und … «

»Und ich hab doch im Brutkasten gelegen«, sagt Matilda, »und ich kann mich auch daran erinnern, auf jeden Fall an das, was meine große Schwester und meine Eltern mir erzählt haben und … «

Sie verstummen. Gucken einander an. Lächeln. Müssen

kichern. Hüpfen vor Freude, weil sie sich wieder vertragen. Sie sind wieder Freundinnen. Und plötzlich sind Frau Blumes Absätze im Korridor zu hören.

Klacketi klack, klicketi klock.

»Hallo, all ihr meine großen Kinder!«, sagt Frau Blume mit den schneeweißen Zähnen.

Frau Blumes Zähne sind berühmt. Sie haben schon im Fernsehen für Zahnpasta Werbung gemacht.

»Hallo, Frau Blume«, rufen Alva und Matilda und die anderen aus der Klasse.

Frau Blume öffnet die Tür zum neuen Klassenzimmer.

Alle dreiundzwanzig Schüler stiefeln hinein. Nach einer Weile sitzt jeder an seinem Platz. Alva sitzt natürlich neben Matilda. Alle Übrigen, bis auf Johan, Jimmy und Jonatan (die drei geschwätzigen J), sitzen ebenfalls zu zweit.

In Frau Blumes Klasse lässt es sich aushalten. Da wird keiner ausgeschlossen. Aber manchmal hat Alva trotzdem das Gefühl, als würde sie nicht richtig dazugehören. Wie jetzt gerade, als alle von ihren Sommerferien erzählen. Alva mag nicht. Es ist ihr einfach zu anstrengend, von der ganzen Umzieherei zwischen Mama und Papa zu berichten.

»Ich bin mit meinen Eltern und meinem Bruder in Griechenland gewesen«, erzählt Simon.

»Ich war mit Papa segeln«, erzählt Fredrik. »Mama und meine Geschwister waren auch dabei, aber die wollten immer bloß am Strand liegen und lesen.«

»Ich war mit Mama und Papa auf Öland«, sagt Olivia. »Da haben wir ein Ferienhaus gemietet und …«

»Ich war mit Mama und Papa …«, sagt Irja.

»Ich war mit Mama und Papa …«, sagt Ali.

»Ich war mit Mama und Papa …«, sagt Erika.

Ich und Mama und Papa, das sagen alle. ICH UND MAMA UND PAPA. ICH. MAMA. PAPA. Die Wörter schrillen Alva durch den Kopf. Und das tut weh. Au. Weg damit. Au, au, au. Matilda schwatzt fröhlich drauflos. Sie hat viel zu erzählen. Schließlich ist sie ja im Ausland gewesen, in Italien. Mit ihrer Mama und ihrem Papa und ihrer großen Schwester und …

»Und du, Alva, was hast du in diesem Sommer Schönes gemacht?«, fragt Frau Blume und lächelt ihr blendend weißes Lächeln.

»Ich«, sagt Alva, »ich … ich hab … Ich glaub, ich muss aufs Klo.«

Sie steht auf, stürzt in den Korridor hinaus und weiter zu den Toiletten. In ihrem Kopf hämmern all die Wörter der andern. Ich und Mama und Papa, hämmert es. ICH UND MAMA UND PAPA. ICH. MAMA. PAPA.

»Aua«, flüstert Alva, als sie endlich bei den Toiletten angelangt ist und die Tür hinter sich abgeschlossen hat. »Aua, au.«

Sie bleibt lange sitzen und murmelt »Aua« vor sich hin. Dann verstummt sie, krümmt sich und verwandelt sich in einen Knoten, schließt die Augen und kneift die Lippen zusammen. Dann lässt der Schmerz nach und sie kann plötzlich besser denken.

Sie denkt: Ich glaub, ich geh jetzt lieber wieder ins Klassenzimmer zurück und sag, wie es wirklich gewesen ist. Vielleicht ist es ja doch nicht so schlimm. Und ich bin ja nicht allein. Die Eltern von Viggo, Stina und Diego sind auch geschieden.

Dieser Gedanke ist irgendwie tröstlich. Sie kehrt ins Klassenzimmer zurück. Dort hat das Gerede von den Sommerferien schon aufgehört, und Frau Blume teilt inzwischen Bücher und den Stundenplan aus.

Alva setzt sich an ihren Platz und klappt den Bankdeckel hoch. Die Bank ist ganz leer. Sie streicht mit der Hand übers Holz, ein schönes Gefühl.

Dann holt sie das Papier aus dem Rucksack und verwandelt ihre Bank in eine hellgrüne Sommerwiese, übersät mit kleinen blauen Blümchen.

Es ist Freitagabend und Papa ist nervös. Supernervös. Bald wird er Fernseh-Malin treffen und mit ihr essen gehen. Dann werden sie sich unterhalten, über die vielen komischen Briefe, die Malin bekommt, zum Beispiel. Und über Forschung, übers Fernsehen und übers Wetter. Und über eine Menge anderer Sachen. Jedenfalls glaubt Papa das.

»Ist sie verheiratet?«, fragt Alva, die zuschaut, während Papa sich umzieht, sich rasiert und sich die Wangen mit Rasierwasser beklopft.

»Ist doch klar, dass sie nicht verheiratet ist!«, sagt Papa. »Dann würde sie mich ja nicht treffen wollen.«

»Warum nicht?«, fragt Alva. »Vielleicht will sie ja bloß mit dir reden.«

»Ja, da hast du Recht.« Papa sieht plötzlich ein wenig unsicher aus. »Daran hab ich gar nicht gedacht.«

»Hat sie Kinder?«, fragt Alva.

»Nein«, sagt Papa. »Das Einzige, was sie hat, ist eine Katze.«

Alva seufzt vor Erleichterung. Papa seufzt auch. Vor Unruhe.

»Und wenn sie mich jetzt nicht leiden kann?«, sagt Papa.

Auf seiner Stirn ist *die große Unruhe-Falte* aufgetaucht. »Wenn sie mich langweilig findet oder hässlich oder geschwätzig oder einfach … ja, ganz einfach falsch?«

»Mhm«, sagt Alva, die nicht recht weiß, ob sie will, dass diese Malin Papa gern haben soll oder nicht.

»Vielleicht findet sie, dass ich zu arm bin«, fährt Papa fort. »Vielleicht findet sie, dass ich unreif bin, weil ich nicht einmal einen ordentlichen Job hab. Vielleicht findet sie, dass …«

»Aber du wirst doch Professor und dann erforschst du lauter spannende Sachen im Weltraum«, unterbricht Alva ihn. »Und außerdem findet sie vielleicht Leute langweilig, die viel Geld und normale Jobs haben.«

»Ja, genau.« Und schon sieht Papa ein bisschen fröhlicher aus.

»Aber vielleicht mag sie es nicht, dass es mich und Thomas gibt«, sagt Alva.

Papa schaut Alva lange an. Sein Gesicht sieht lieb, aber bekümmert aus.

»Wenn sie das nicht mag, dann werde ich sie auch nicht mögen«, sagt er.

Alva wird froh. Ihr Herz glüht. Papa ist in Ordnung. Papa ist der beste Papa auf der Welt. Aber seine Krawatte sitzt schief. Und seine Haare stehen ihm vom Kopf ab. Er ist so nervös, dass er vergessen hat, sich zu kämmen.

Alva kämmt Papa. Und winkt ihm dann nach, als er sich auf den Weg macht.

Viele Stunden später wacht Alva davon auf, dass Papa nach Hause kommt. Thomas dagegen schläft wie ein Stein. Er ist auch unterwegs gewesen, und als er heimkam, war er schrecklich müde. Wahrscheinlich hat er diese Nina getroffen, glaubt Alva.

»Hallo, Mäuschen«, sagt Papa und hockt sich neben Alvas Bett. »Schläfst du?«

»Du weißt genau, dass ich nicht schlafe«, sagt Alva, »sonst würdest du nämlich nicht fragen.«

»Ja, da hast du Recht«, sagt Papa. »Und Thomas, schläft der?«

»Ja«, sagt Alva. »Er hat auch ein Mädchen getroffen. Sie heißt Nina.«

»Oho«, sagt Papa. »Davon weiß ich ja gar nichts.«

»Ja, weil es ein Geheimnis ist«, sagt Alva.

Papa nickt. Er sieht froh aus und ruhig. Seine Augen leuchten in der Dunkelheit. Und er duftet gut nach diesem Rasierwasser, das er immer benützt. Und nach Essen und etwas anderem, Fremdem.

»Sie war lieb«, sagt Papa. »Und nett. Sehr nett. Und hübsch. Aber das wusste ich ja schon. Ich hab sie ja im Fernsehen gesehen.«

»Mhm«, sagt Alva.

»Wir wollen uns noch einmal treffen«, sagt Papa. »Und dann sehn wir mal, was passiert.«

Alva seufzt. Papa guckt sie liebevoll an.

»Ist das sehr schlimm?«, fragt er.

»Ein bisschen«, sagt Alva. »Irgendwie ist das dann noch jemand. Wo es doch sowieso schon so viele sind.«

»Schon so viele was?«, fragt Papa.

»So viele in der Familie Kuddelmuddel«, sagt Alva.

»Die Familie Kuddelmuddel?«

»Ja«, sagt Alva. »Du und ich und Thomas und Mama und Bernd und … «

»Verstehe«, sagt Papa. »Eine große Familie und ein großes Durcheinander.«

Papa umarmt sie, drückt sie fest und lange an sich. Dann sagt er Gute Nacht.

»Ach, übrigens«, sagt er, bevor er sich zu seinem Bett begibt, »Malin hat eine Einladung für ein Hip-Hop-Konzert. Sie hat vier Karten und lässt fragen, ob du und Thomas mitkommen wollt.«

»Cool!«, ertönt Thomas' Stimme vom oberen Stock des Stockbettes. »Will ich gern!«

»Hab geglaubt, du schläfst«, sagt Papa.

»Nein, ich liege wach und denke an meine geheime Freundin Nina, von der Alva gepetzt hat«, sagt Thomas und schielt zu Alva nach unten.

»Entschuldige«, flüstert Alva.

»Macht nichts«, sagt Thomas.

»So, Kinder«, sagt Papa, »jetzt müssen wir aber schlafen, es ist schon Viertel nach eins.«

»Bin kein bisschen müde«, erklärt Alva.
»Ich auch nicht«, sagt Thomas.
»Ich ehrlich gesagt auch nicht«, sagt Papa.
Also setzen sich Alva, Thomas und Papa an den Tisch und trinken Tee und futtern Kekse und unterhalten sich, bis der Morgen anbricht.

Alva steht zwischen Papa und Thomas vor der großen Konzerthalle und hüpft auf und ab. Es ist kalt und außerdem ist sie nervös. Sie warten auf Fernseh-Malin, und die ist eine echte Berühmtheit. Und eine, in die Papa verliebt ist.

Alva ist noch nie verliebt gewesen. Doch, übrigens, einmal vielleicht, in einen Jungen, der mit ihr in den Kindergarten ging. Er hieß Mahad und war kohlrabenschwarz. Er konnte doppelt so schnell rennen wie alle anderen im Kindergarten. Er hatte lange, schmale Finger und wollte später Pianist werden. Einmal, als sie zum Safttrinken in den Kindergarten gingen, hätte er sie fast an der Hand gehalten. Er kam ganz nah und streifte ihre Hand und lächelte sie an.

Alva kann sich daran erinnern, dass ihr Herz damals zu hüpfen begann, fast, als wäre es zufällig auf einem Trampolin gelandet. Doch das ist ewig lang her. Damals war sie klein. Jetzt ist sie groß, bald neun Jahre alt.

»Sie hat sich verspätet«, sagt Papa und schaut auf die Uhr.

Im selben Moment kommt ein Fahrrad auf sie zu. Ein Fahrrad, auf dem eine Frau sitzt. Die Frau hat einen Fahrradhelm auf, sie trägt Jeans und rote Sportschuhe. Es ist Fernseh-Malin.

Allerdings sieht sie überhaupt nicht so aus wie die Fernseh-Malin, findet Alva. Sie ist viel kleiner, als Alva sie sich vorgestellt hat. Und hat viel lockigere Haare. Und größere Augen. Und breitere Lippen. Und außerdem hat sie Sommersprossen.

»Hallo«, sagt Fernseh-Malin und kommt zu ihnen.

Sie umarmt Papa, dann gibt sie Thomas die Hand. Thomas begrüßt sie und murmelt seinen Namen.

»Und du musst Alva sein«, sagt Fernseh-Malin und streckt Alva die Hand hin.

»Ja«, sagt Alva. »Und du musst Fernseh-Malin sein.«

Fernseh-Malin nickt und lächelt, dass ihre Zähne aufblitzen.

»Deine Zähne sind fast so weiß wie die von meiner Lehrerin«, sagt Alva.

Fernseh-Malin lächelt noch mehr. Papa lächelt auch. Thomas sieht leicht säuerlich aus.

»Wollen wir schon mal reingehen?«, schlägt Fernseh-Malin vor und zieht vier Eintrittskarten aus ihrem Rucksack.

»Ich hab für alle Ohrenstöpsel mitgebracht«, sagt Papa.

»O Mann, ist das bescheuert!«, sagt Thomas.

»Das ist kein bisschen bescheuert!«, sagt Papa streng. »Unzählige Leute haben schon von solchen Konzerten einen Tinnitus gekriegt.«

»Was ist das, Tinnitus?«, fragt Alva.

»Das ist, wenn es drinnen im Kopf pfeift«, erklärt Papa.

»Alle Musiker haben Ohrenstöpsel«, sagt Fernseh-Malin.

»Echt?«, sagt Thomas. »Ist das wahr?«

Fernseh-Malin nickt und erzählt von all den berühmten Musikern, die sich Stöpsel in die Ohren stecken.

»Von mir aus«, sagt Thomas schließlich. »Dann nehm ich eben zwei von diesen Stöpseln.«

Als sie miteinander in den Saal gehen, gucken aus ihren Ohren gelbe Stöpselzipfel raus. Im Saal ist es gesteckt voll. Und heiß. Die Musik fängt an. Ein Sänger in ausgebeulter Kleidung betritt die Bühne und stimmt einen Sprechgesang an. Alva versteht allerdings nicht, worüber er sprechsingt. Die meisten andern verstehen es bestimmt auch nicht. Doch das spielt keine Rolle, weil sich alle trotzdem zu freuen scheinen. Und zwar so sehr, dass sie hüpfen müssen. Vielleicht üben sie für irgendein Wetthüpfen, denkt Alva. Oder sie machen Fitness-Übungen. Das macht Mama ab und zu, dann turnt sie und hüpft wie wild durchs Zimmer.

Inzwischen hüpft Thomas auch. Und Fernseh-Malin hüpft. Und Papa. Papa hüpft fast am meisten von allen. Er johlt und klatscht in die Hände und singt mit zu diesen Sprechgesang-Texten.

»WOW!«, brüllt Papa und wirft die Arme in die Luft.

Alva streckt ihre Arme nach ihm aus. Er hebt sie auf und setzt sie sich auf die Schultern.

Jetzt hat Alva eine gute Sicht über das Menschenmeer.

Unglaublich viele Leute sind das. Und alle sind sie froh.

Sie kommen Alva vor wie Blumen auf einer großen Wiese. Und der mit dem Sprechgesang pustet sie ab und zu an, damit sie sich noch mehr bewegen.

Alva schwebt. Sie ist glücklich.

»Wow!«, johlt sie und wirft die Arme in die Luft.

Papa trifft Fernseh-Malin immer öfter. Ab und zu kommt es vor, dass Papa bei ihr übernachtet. Oder dass Fernseh-Malin bei Papa übernachtet. Allerdings nur, wenn Alva und Thomas bei Mama wohnen. Wenigstens am Anfang. Später übernachtet Fernseh-Malin auch dann bei Papa, wenn Alva und Thomas bei ihm sind.

Eine neue Kuddelmuddel-Mama ist in Papas kleine Wohnung eingezogen, jetzt wird es dort noch enger.

»Aber vielleicht ziehen wir ja mit der Zeit in was Größeres um«, sagt Papa und sieht Fernseh-Malin lächelnd an.

»Ja, ja«, erwidert Fernseh-Malin. »Das sehen wir dann. Jetzt muss ich schleunigst los.«

Malin muss ins Fernsehstudio und übers Wetter reden. Sie hat es eilig. Das hat sie fast immer, weil sie ständig vergisst, auf die Uhr zu schauen. Sie ist ein bisschen schusselig, aber ziemlich lieb. Sie kann sehr gut Witze erzählen und ganz toll singen. Ihr größter Traum wäre es, Opernsängerin zu werden. Alva hat sie ein paarmal singen hören. Sehr schön klang das, allerdings leicht zittrig. Aber in der Oper soll es ja zittrig klingen, soweit Alva weiß.

»Kommt her!«, sagt Papa etwas später.

Er hat den Fernseher eingeschaltet. Erst kommen die Nachrichten. Dann kommt das Wetter. Und Malin. Sie redet über Wolken, Regen, Sonne, Wind und Temperaturen. Papa sitzt im Sessel und strahlt übers ganze Gesicht.

Seit Papa Malin getroffen hat, ist er viel fröhlicher und ruhiger geworden. Und er seufzt auch nicht mehr so viel, wenn er in seinen dicken Büchern liest. Und das ist natürlich gut. Aber trotzdem ist so ein neuer Mensch in der Wohnung nicht ganz einfach. In Alvas Magen fängt es wieder an zu zwicken. Schnell streichelt sie sich selbst den Bauch, und da tut es schon nicht mehr so weh.

Und vielleicht ist es ja besser, dass Papa Malin hat, als wenn er sie nicht hätte, denkt Alva und findet sich selbst ganz schön schlau, weil ihr dieser Gedanke gekommen ist.

Es läutet an der Tür. Malin macht auf. Draußen steht Mama, die Alva und Thomas abholen will.

»Tag«, sagt Mama. »Ich heiße Frieda. Ich bin die Mutter von Alva und Thomas.«

»Mein Name ist Malin«, sagt Malin. »Guten Tag.«

Sie geben sich die Hand. Dann schweigen sie und starren sich an. Irgendwie ein bisschen grimmig, findet Alva.

»Seid ihr jetzt Feinde?«, fragt Alva und schleicht hinter Malin hervor.

Malin lächelt und schüttelt den Kopf. Mama lächelt ebenfalls und schüttelt auch den Kopf.

»Wo sind Kalle und Thomas?«, fragt Mama, nachdem sie Alva einen Kuss gegeben hat.

»Die schauen sich irgendwelche Schwimmmeisterschaften an«, sagt Malin. »Aber sie müssten gleich kommen. Wir können ja so lange eine Tasse Tee trinken.«

Und dann wird Tee gekocht. Teetassen, Milch, Zucker und Gebäck kommen auf den Tisch.

»Ach, übrigens«, sagt Mama, nachdem sie einen Schluck Tee getrunken hat, »ich gebe bald eine kleine Party. Na ja, ehrlich gesagt eine ziemlich große, jedenfalls, wenn Bernd seinen Willen durchsetzt. Vielleicht habt ihr Lust zu kommen? Also, du und Kalle, meine ich.«

»Gern«, sagt Malin. »Ich werd es Kalle sagen. Wann ist das Fest?«

»Nächsten Samstag«, sagt Mama.

Das Telefon klingelt. Malin nimmt ab. Es ist jemand, der lange reden will, daher bleiben Alva und Mama allein am Tisch sitzen.

Mama seufzt und sieht alles andere als begeistert aus.

»Eigentlich möchte ich ja gar kein Fest«, sagt sie. »Ich werd vierzig! Ich werd uralt! Das ist doch kein Anlass zum Feiern. Und so große Feste sind sowieso immer ein einziger Stress.«

»Dann kann ich ja an deiner Stelle meinen Vierzigsten feiern«, schlägt Alva vor.

»Aber Alva«, sagt Mama lächelnd. »Du bist ja noch nicht mal neun. Wie willst du denn da deinen Vierzigsten feiern?«

»Ich kann ihn doch schon im Voraus feiern«, erklärt Alva. »Dann bleibt es mir später erspart, wenn ich vierzig bin und keine Lust zum Feiern hab. Ist doch ein guter Trick, was?«

Mama lächelt. Wenn sie lächelt, sieht sie schön aus, findet Alva. Jetzt, mit hellbraunen Haaren, ist sie ganz besonders schön. Die Farbe steht ihr.

»Ja, warum nicht?«, sagt Mama.

»Wie viele darf ich einladen?«, fragt Alva.

»Ein paar genügen«, sagt Mama.

Beide müssen kichern, die Idee ist echt lustig. Eine schlaue Lösung für Mamas Problem.

»Bernd wird vielleicht ein bisschen sauer werden«, sagt Mama.

»Dann muss er das eben werden«, sagt Alva.

»Jawohl!« Mama haut mit der Faust auf den Tisch, dass die Teetasse einen Satz macht. »Das muss er eben werden.«

Und dann lächelt sie wieder auf diese schöne Art.

»Ihr seht ja plötzlich so vergnügt aus«, bemerkt Malin, die fertig telefoniert hat.

»Ja«, sagt Mama. »So ein Fest zum Vierzigsten zu planen, das macht richtig Spaß.«

EINLADUNG ZU ALVAS VIERZIGSTEM GEBURTSTAG!
(31 JAHRE, 2 MONATE UND 7 TAGE IM VORAUS)

WANN: Samstag, den 3. September ab 15.00 Uhr
WO: Im Haus von Alvas Mama (die 38 Jahre + 12 Monate + 365 Tage alt ist)
KLEIDUNG: Irgendwas Lustiges, in dem man gut spielen kann
MENÜ: Spezialpizza, die wir miteinander backen, und dann Eis eimerweis und allerlei Leckerschmecker.

HERZLICH WILLKOMMEN!

»Und wen sollen wir einladen?«, fragt Mama, die im Schneidersitz auf Alvas Bett hockt und alles aufschreibt, was Alva vorschlägt.

Alva gibt Mama eine Liste. Mama liest und zieht die Augenbrauen hoch.

»Den Dichter?«, fragt sie.

Alva nickt.

»Und den Schokolade-Arzt?«

Alva nickt wieder.

»Das Baby im Bauch?«, fragt Mama.

»Ja«, sagt Alva, »Matildas Mama hat nämlich ein Baby im Bauch, und das muss man doch auch einladen, weil es sonst bestimmt traurig wird, oder nicht?«

Mama macht ein nachdenkliches Gesicht, nickt dann aber und liest weiter.

»Wer ist Nina?«, fragt sie.

»Das Mädchen, in das Thomas verliebt ist«, erklärt Alva.

»Ist Thomas verliebt?«, sagt Mama. »Hat er eine Freundin? Ach, davon hatte ich ja keine Ahnung! Unglaublich, dass er schon so groß ist!«

Mamas Augen werden feucht. Das werden sie ab und zu, wenn etwas passiert, worüber Mama sich freut.

»Aber warum hast du all die andern nicht aufgeschrieben?«, fragt Mama. »Bernd, Oskar, Kalle, Malin, Thomas und …«

»Die stehen alle da«, sagt Alva. »Ganz unten auf der Seite.«

Mama schaut nach.

»Die Familie Kuddelmuddel?«, sagt Mama.

Alva nickt. Mama sitzt eine Weile schweigend da und schaut Alva nachdenklich an.

»Ja«, sagt Mama schließlich, »wir laden die ganze Familie Kuddelmuddel zu unserem Fest ein!«

Mama und Papa tanzen miteinander. Das haben sie schon lange nicht mehr getan. Sehr lange nicht mehr. Aber jetzt feiern sie ein Fest. Und sie lachen und sehen fast verliebt aus. Ineinander verliebt. Aber so ist es nicht, das weiß Alva. Inzwischen ist alles anders. Sie weiß nicht genau, warum es so anders geworden ist. Warum Papa und Mama nicht mehr ineinander verliebt sind. Sie weiß nur, dass es so ist und dass es sich nicht mehr ändern wird.

Alva sitzt auf Thomas' Drehsessel, den er ins Wohnzimmer getragen hat.

Thomas tanzt mit Nina. Er ist vor Stolz ganz rot im Gesicht. Irgendwie sieht er so groß aus, beinah erwachsen. Alva muss vor sich hin kichern. Es fällt ihr schwer, sich Thomas als Erwachsenen vorzustellen. Irgendwann wird er zwanzig werden! Und dreißig! Und vierzig! Nicht zu fassen!

Alva dreht sich einmal mit dem Drehsessel im Kreis, während sie über die Zeit nachdenkt und wie seltsam das alles doch ist. Als der Sessel anhält, sieht sie, dass Bernd und Fernseh-Malin miteinander tanzen. Und der Schokolade-Arzt aus dem Krankenhaus tanzt mit Sanna. Und Sannas neuer Mann sitzt mit Oskar auf dem Sofa und versucht ihm beizubringen, wie man Saft trinkt ohne zu kleckern. Josefin und Emil sind in der Küche und machen Pizza. Matildas Eltern tanzen miteinander. Alva wüsste gern, ob das Baby im Bauch von Matildas Mutter auch mittanzt. Und ob die Musik ihm gefällt.

Matilda und ihre große Schwester versuchen Tango zu tanzen. Matilda hat ein Ballettröckchen an, weil sie demnächst mit Ballett anfängt. Alva hat keine Lust, zum Ballett zu gehen. Sie will lieber ordentlich schwimmen lernen und in Emils Verein Fußball spielen.

Vielleicht baut sie später mal doch keine Häuser, sondern wird lieber Fußballprofi.

Oder Dichter.

Der Dichter ist nicht gekommen. Mama hat gesagt, der Dichter sei zu krank, um an einem Fest teilnehmen zu können. Aber Alva hat sich vorgenommen, ihn bei Gelegenheit zu besuchen und ihn zu fragen, ob er ihr seine Gedichte vorliest. Dann können sie Saft trinken und sich über die Gedichte unterhalten. Vielleicht freut ihn das. Hoffentlich.

Jetzt tanzen Mama und Papa nicht mehr miteinander. Mama tanzt stattdessen mit dem Schokolade-Arzt. Und Papa kommt zu Alva.

»Darf ich bitten, Gnädigste?«, sagt er.

»Aber nur, wenn du mir nicht auf die Füße trittst«, sagt Alva.

»Ich hab dir doch noch nie auf die Füße getreten«, sagt Papa.

»Nein, aber Mama hast du ein paarmal auf die Füße getreten«, sagt Alva. »Hab ich genau gesehen.«

»Ja, ja«, sagt Papa. »Komm jetzt.«

Sie fangen an zu tanzen. Jemand legt eine neue Platte auf. Hip-Hop. Alva hopst. Papa hopst. Ringsum fangen alle anderen auch an zu hopsen. Sogar Bernd, der Hip-Hop nicht ausstehen kann, tanzt. Und aus der Küche kommen Josefin und Emil mit ganz mehligen Händen. Sie tanzen und strecken ihre weißen Hände in die Luft.

Hip-Hop, denkt Alva. Hipshops. Alva hipst und hopst und hofft. Ja, sie hofft, dass aus der Familie Kuddelmuddel doch noch die Familie Richtig wird. Irgendwie.

Und dann hopst und hofft sie noch ein bisschen mehr.

Und dann ist Pizzazeit.

Alle hören auf zu hopsen und nehmen in der Küche Platz. Die Pizzas liegen dampfend und zischend auf dem Blech. Malin erzählt Witze. Der Schokolade-Arzt steht auf und hebt sein Saftglas.

»Vielen Dank, Alva, für diesen schönen vierzigsten Geburtstag!«, sagt er.

»Bitte sehr«, sagt Alva.

»Aber warum feierst du deinen vierzigsten Geburtstag jetzt schon und nicht erst in 31 Jahren?«, fragt Matilda.

»Weil ich Lust darauf hatte«, sagt Alva.

»Eine echt gute Idee«, bemerkt Matildas Vater.

»Auf Alva!«, sagt Matildas Mutter.

»AUF ALVA!«, rufen alle im Chor und heben ihre Saftgläser.

Dann geht das Pizzaessen weiter. Oskar wird so satt, dass er unterm Tisch einschläft. Der Schokolade-Doktor legt sich aufs Sofa, um seinen Bauch auszuruhen. Emil, Josefin, Thomas, Nina und Matildas große Schwester verziehen sich in Thomas' Zimmer und machen die Stereoanlage an. Die Übrigen spielen Verstecken. Das ist Bernds Idee. Ziemlich kindisch, findet Alva.

»Komm, wir gehen so lange zu Thomas in sein Zimmer, während die Erwachsenen Verstecken spielen«, schlägt Matilda vor.

»Mhm«, sagt Alva.

»Hast du keine Lust?«, fragt Matilda.

»Doch«, sagt Alva. »Gleich. Ich muss bloß … «

»Bloß was?«

»Weiß nicht so recht«, sagt Alva. »Aber geh du schon mal. Ich komme nach.«

Matilda nickt und verschwindet in Thomas' Zimmer.

Die Erwachsenen rennen umher und verstecken sich voreinander.

Alva geht in den Garten hinaus. Draußen ist es nicht mehr hell und noch nicht dunkel, eher so zwischendrin.

Sie schaut in den Himmel. Komisch, dass die Wolken und die Sonne und alles, was es sonst noch da oben gibt, nicht herunterfallen.

Sie schaut auf ihre Füße. Ihre Füße haben Schuhe an. Und Strümpfe. Sie zieht Schuhe und Strümpfe aus und läuft barfuß durchs Gras. Das fühlt sich schön an. Wunderschön.

So läuft sie lange im Garten hin und her. Dann bleibt sie stehen, steht ganz still. Streicht sich über den Bauch, der nicht wehtut. Streicht sich über den Kopf, der auch nicht wehtut. Denkt, dass sie immer noch die verrückteste Familie der Welt hat. Aber das ist nicht so schlimm.

Und damit kehrt sie ins Haus zurück.

»Tschüs, lieber Garten und alle andern da draußen«, sagt sie, bevor sie die Tür hinter sich schließt.